U0469348

国家旅游局"万名旅游英才计划研究型英才"培养项目：中国开展太平洋岛国旅游外交的战略意义及有效途径研究（编号：WMYC20171067）阶段性研究成果

山东省社会科学规划研究项目新型智库研究专项："一带一路"倡议下山东省对接太平洋岛国旅游外交的战略对策研究（编号：18CZKJ03）阶段性研究成果

MICRONESIA

太平洋岛国旅游之
密克罗尼西亚

TRAVEL IN
PACIFIC ISLAND COUNTRIES

MICRONESIA

TRAVEL IN
PACIFIC ISLAND COUNTRIES

刘建峰　王桂玉　编著

社会科学文献出版社
SOCIAL SCIENCES ACADEMIC PRESS (CHINA)

帕劳

总统府(太平洋岛国贸易与投资专员署 供图)

男人会馆(太平洋岛国贸易与投资专员署 供图)

石头阵(太平洋岛国贸易与投资专员署 供图)

七十群岛（太平洋岛国贸易与投资专员署　供图）

水母湖（太平洋岛国贸易与投资专员署　供图）

牛奶湖（太平洋岛国贸易与投资专员署　供图）

高空滑索（太平洋岛国贸易与投资专员署 供图）

皮划艇巡游（太平洋岛国贸易与投资专员署 供图）

深海潜水（太平洋岛国贸易与投资专员署 供图）

基里巴斯

国会大楼（太平洋岛国贸易与投资专员署　供图）

二战时期的炮台（太平洋岛国贸易与投资专员署　供图）

传统文化村（太平洋岛国贸易与投资专员署　供图）

传统舞蹈（太平洋岛国贸易与投资专员署 供图）

帆船巡游（太平洋岛国贸易与投资专员署 供图）

海钓（太平洋岛国贸易与投资专员署 供图）

密克罗尼西亚联邦

南玛都尔古城（太平洋岛国贸易与投资专员署　供图）

第二次世界大战时期的坦克（太平洋岛国贸易与投资专员署　供图）

当地人身着传统服饰制作萨考酒（太平洋岛国贸易与投资专员署　供图）

马绍尔群岛

盛装的当地妇女（太平洋岛国贸易与投资专员署 供图）

帆船巡游（太平洋岛国贸易与投资专员署 供图）

深海遗迹潜水（太平洋岛国贸易与投资专员署 供图）

瑙鲁

二战时期的炮台（太平洋岛国贸易与投资专员署 供图）

被海水侵蚀的奇形怪状的岩石（太平洋岛国贸易与投资专员署 供图）

露天餐厅（太平洋岛国贸易与投资专员署 供图）

序　言

"太平洋岛国各族人民守护着世界上最大、最平静和最富足的大洋及其众多的岛屿和丰富多样的文化。"

太平洋岛国领导人的这句话植根于我们这一地区的愿景，即成为和平、和谐和繁荣之地。我们诚邀您共同分享这里的美好！

太平洋岛国跨越世界上最大的大洋，犹如繁星般散布在蔚蓝的热带海洋里。

在无边无际的蓝色海洋里，海底火山所形成的岛屿迸发出独特而奇异的生命色彩，蓝绿色的大海和如画般的岛屿宛如人间天堂。

太平洋岛国由上千座岛屿组成，这些岛屿分属三大群岛，即美拉尼西亚、密克罗尼西亚和波利尼西亚。许多岛屿位置极其偏远，有些离最近的大陆有数千公里远，离其最近的邻居也有数百公里。

数千年来，人类的开拓者以海浪为灵感，将这片与世隔绝的海洋变成他们的文化中心。

事实上，太平洋岛国并非小岛屿，而是巨大的海洋国家。虽然人口相对稀少，但拥有丰富的海洋和陆地资源。

2017年在纽约召开的联合国海洋大会上，世界各国领导人承诺将保护和可持续利用我们的海洋和海洋资源，以此促进可持续发展。

因此，我们面临着一项重要挑战，即支持为太平洋岛国提供就业和发展机遇，同时也为后世子孙保护太平洋独特的环境。

正是太平洋岛屿的环境使得该地区独一无二。正是太平洋独特的环境提供了纯净、优质的产品，吸引着游客前往，享受美好和冒险之旅。

中国同太平洋岛国的传统友谊和文化交往源远流长。早在19世纪中期就有一些勤劳勇敢的中国人远涉重洋移居太平洋岛国，为这一地区的发展做出了重要贡献。

近年来，中国的政府和企业为太平洋岛国提升基础设施建设、实现其他重要经济发展提供了支持。

我们开始看到中国出境游客的增长，他们热衷于探索独特的旅游目的地，比如太平洋地区。

越来越多的自助游游客正在寻找独特的体验，比如了解不同的文化，享受自然环境，品尝传统食物，体验潜水等休闲活动。太平洋岛屿有着多样的传统文化和著名的原始环境，是独特的潜水、探险和休闲旅游目的地。

太平洋岛国贸易与投资专员署代表太平洋岛国论坛（大洋洲国家的区域组织）支持太平洋岛国的经济可持续发展。

我们很高兴与聊城大学太平洋岛国研究中心等中国伙伴合作，促进中国与太平洋岛国之间的相互了解和友谊，以及文化和经济交流。

聊城大学太平洋岛国研究中心"太平洋岛国旅游"系列图书的出版，将为许多潜在的游客揭开太平洋岛国的神秘面纱。我们希望本套图书的出版，能够让这些独特而珍贵的岛屿走进中国游客的心中，推动太平洋岛国的可持续发展，增强中国同太平洋岛国的互联互通。

戴维·莫里斯

太平洋岛国贸易与投资专员署驻华贸易专员

Preface

"Pacific peoples are the custodians of the world's largest, most peaceful and abundant ocean, its many islands and its rich diversity of cultures."

This quote from the Pacific Islands Leaders is based on our region's vision to be a place of peace, harmony and prosperity. We invite you to share the experience.

Pacific Island Countries are located across the span of the world's largest ocean, like stars scattered in the blue tropical sea.

In the endless blue, islands born from volcanic seas erupt with unique ways of life and scenery, the turquoise seas and picture postcard islands evoke heaven on earth.

The Pacific Island Countries are made up of thousands of islands, belonging to three major archipelagos, namely Melanesia, Micronesia and Polynesia. Many islands are unbelievably remote. Some are thousands of kilometres away from the nearest continent and hundreds of kilometres from their nearest neighbour.

Human colonizers over thousands of years, inspired by waves, have turned the ocean that isolated them from the rest of the world into a centre of their culture.

Indeed, the Pacific Island Countries are not small islands, but giant ocean states. Though relatively small in population, they are rich in resources from the sea and from the land.

At the 2017 United Nations Oceans Conference in New York, world leaders committed to conserve and sustainably use our oceans and marine resources for sustainable development.

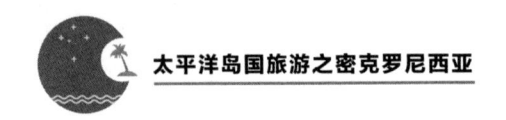

We therefore have an important challenge, to support development that will provide jobs and opportunities for the communities of the Pacific Islands, while also protecting the unique environment of the Pacific for the future.

It is the environment of the Pacific Islands that makes the region unique. It is the unique Pacific environment that provides the pure, quality products and that attracts visitors to enjoy beautiful and adventurous tourism.

The traditional friendships and cultural exchanges between Chinese and Pacific peoples have a long history. In the mid 19th Century, some industrious and brave Chinese emigrated to the Pacific, making important contributions to the development of the region.

In recent years, Chinese Government and business cooperation has supported infrastructure and other important economic development in the Pacific Island Countries.

We are beginning to see growth in outbound Chinese tourists who are keen to explore unique destinations such as those of the Pacific.

More and more independent travelers are looking for unique experiences such as learning about different cultures, enjoying natural environments, sampling traditional food and recreational activities such as diving. The Pacific Islands have a diversity of traditional cultures, renowned pristine environments and unique destinations for diving, adventure tourism and relaxation.

The Pacific Islands Trade and Investment Commission works on behalf of the Pacific Islands Forum, the regional organization of the nations of Oceania, to support sustainable economic development for the Pacific Island Countries.

We are delighted to work with Chinese partners such as the Research Centre for Pacific Island Countries (RCPIC) at Liaocheng University to promote mutual understanding and friendship as well as cultural and economic communication between China and the Pacific Island Countries.

The publication of Travel in Pacific Island Countries by RCPIC will unveil the mystery of the Pacific for many new potential visitors. We hope that this book will bring these unique and precious islands into the hearts of Chinese tourists, promote the sustainable development of Pacific Island Countries and strengthen our international understanding.

David Morris
Pacific Islands Trade and Investment Commissioner

前　言

　　中国休闲与旅游产业的快速发展不仅改善了国民生活品质、优化了国民经济结构，也推动了国际旅游合作的进程，实现了休闲旅游在政治和外交意义上的延伸。2016年12月7日，国务院发布的《"十三五"旅游业发展规划》提出，要实施旅游外交战略，开展"一带一路"国际旅游合作，拓展与重点国家的旅游交流，创新完善旅游合作机制。这标志着旅游外交已由部门推动上升为国家战略，这将进一步提升中国休闲与旅游产业的地位和作用，同时推进"一带一路"国际休闲与旅游发展的和谐与共荣，增进中国人民与"一带一路"沿线国家人民之间的友谊。

　　太平洋岛国地区是"21世纪海上丝绸之路"的自然延伸，"一带一路"倡议将为其带来前所未有的历史发展机遇。旅游业是多数太平洋岛国的支柱产业，未来将是推动中国同太平洋岛国、地区合作的重要产业领域。为响应贯彻国家"一带一路"倡议，推进中国与太平洋岛国地区的国际旅游合作和旅游外交工作的顺利开展，聊城大学太平洋岛国研究中心组织力量编撰"太平洋岛国旅游"系列丛书，致力于普及太平洋岛国地区的旅游文化知识，促进中国公众对太平洋岛国地区自然和文化旅游资源的认知。本套丛书共分三卷，分别为美拉尼西亚、波利尼西亚和密克罗尼西亚。在写作体例上，本套丛书首先以"国家（地区）速写"开篇，全方位介绍太平洋岛国（地区）的国名（地名）、地理、历史、政治、经济和文化；其次聚焦其核心旅游产品；然后以旅游中心地为切入点，详细描述了太平洋岛国（地区）的自然和文化旅游资源；为方便游客出行，最后设"出行指南"。

本卷为《太平洋岛国旅游之密克罗尼西亚》。密克罗尼西亚（Micronesia）在希腊语中意为"小岛群岛"，是太平洋三大岛群之一，位于西太平洋，而且绝大部分在赤道以北，东临波利尼西亚（Polynesia），南望美拉尼西亚（Melanesia）。密克罗尼西亚包括2000多个岛，以珊瑚岛和火山岛为主，陆地总面积2584平方公里，多数岛屿属于热带雨林气候，高温多雨，年平均气温27℃左右，年降雨量2000～3500毫米。密克罗尼西亚人口约30万人，主要是密克罗尼西亚人，身材中等，皮肤棕色，头发为黑色，呈波浪形或直线形。居民主要信奉基督教，通用语为密克罗尼西亚语，英语为官方语言。密克罗尼西亚主要包括马里亚纳群岛（属美国，分为北马里亚纳群岛和关岛）、加罗林群岛（分为帕劳与密克罗尼西亚联邦）、马绍尔群岛、瑙鲁、吉尔伯特群岛（基里巴斯共和国）等。

密克罗尼西亚包括五个主权国家，分别是帕劳共和国、基里巴斯共和国、密克罗尼西亚联邦、马绍尔群岛共和国和瑙鲁共和国。密克罗尼西亚拥有丰富的自然和人文旅游资源：色彩斑斓的海水、美轮美奂的沙滩、多姿多彩的海底珊瑚礁景观以及充满原始风情的部落与村庄。

帕劳，全称帕劳共和国，由300多个火山岛和珊瑚岛组成，是太平洋进入东南亚的重要门户，也是第二次世界大战中太平洋战役的主战场之一，目前是密克罗尼西亚旅游业发展最快的国家。帕劳拥有丰富的自然资源、纯净的海洋生态系统、世界上独一无二的无毒水母湖、彩色的海水、洁净的水质、世界上最美丽的海底珊瑚礁景观和彩虹状的白色沙滩。帕劳不仅以海底景观闻名于世，是海洋学家公认的世界七大海底奇观之首，海面景观也同样令人赞叹，其海水共有七种不同的颜色，吸引着来自世界各地的游客。

基里巴斯，全称基里巴斯共和国，位于密克罗尼西亚东南部，是太平洋岛国中唯一跨赤道的国家，也是世界上唯一一个横跨南北两半球和东西两半球的国家。2007年11月21日，基里巴斯被英国探险家评为"地球上最偏远的地方"，其所属的莱恩群岛是全球唯一使用"UTC+14"时区的地方，这也使基里巴斯成为地球上最早迎接日出的国家。基里巴斯的文化独特多姿，尤以舞蹈最具特色。在2010年中国上海世博会太平洋联合馆中，由13人组成的基里巴斯舞蹈队表演了拍手舞，充分展示了浓郁的岛国风情。基里巴斯是一块远离现代文明的净土，拥有绿宝石般的平静海水、金黄色的柔软沙滩和沿岸茂密的棕榈树林。

密克罗尼西亚联邦位于赤道以北，分为四个州，西部两州与中国时差为2个小时；东部两州与中国时差为3个小时。密克罗尼西亚联邦先后历经了西班牙、德国、日本和美国的统治，在1986年11月3日获得内政、外交自主权，1991年9月17日加入联合国。密克罗尼西亚联邦没有国教，人们可以根据自己的信仰选择宗教，所有公民平等地享有得到宪法保障的信仰自由，各教信众和平共处。密克罗尼西亚联邦旅游资源丰富，热带风光秀丽，保存有独特的民族传统文化和风俗以及"石币银行"等古迹。

马绍尔群岛共和国位于太平洋中部、密克罗尼西亚东端，南邻赤道；东靠国际日期变更线。马绍尔群岛自然环境优美，有南太平洋的黑珍珠之称。这里远离城市的喧嚣，没有工业污染，空气清新，令人身心舒畅；碧蓝的海水、晶莹洁净的沙滩、一望无际的扶疏的椰林，令人心旷神怡。

瑙鲁共和国面积只有 24 平方公里，是世界上最小的岛国。瑙鲁是一个椭圆形的珊瑚岛，有"天堂岛"之称，最高点海拔 70 米。岛上没有河流，地表透水性强，几乎没有淡水，饮用水都需要进口。瑙鲁岛中央有一个著名的火山湖——"布阿达潟湖"，湖周边椰林环绕，红瓦白墙的房屋倒映在湖中，不时可见几只白色的小鸟在湖面上追逐嬉戏。布阿达潟湖恰似天工巧匠给这白色的岛屿镶上了一块缀有绿边的水晶般的明镜，为瑙鲁美丽的风光又添绚丽的色彩。

本套丛书的顺利出版得到了社会科学文献出版社的大力支持，国别区域与全球治理出版中心张晓莉主任以及责任编辑叶娟、肖世伟为本书的出版付出了很多心血，在此表示衷心的感谢。同时，特别感谢参与本套丛书编撰的诸位学者，他们是（排名不分先后）：侯晓玉、王志华、武佳秀、张苗、金慧杰、杨荣康、杨慧鑫、李巧巧、丁保辰、于廉正、柴学娥、蔡海霞、路梦桥、贾薇、王玉祺、乔云雪、路雯雯、王载辉、刘秀峰、苗佳仪、路公英、张子恒、贾光奔、魏茂辉等，张苗、金慧杰为本套丛书绘制了详细的旅游中心地示意图，再次一并致谢！

在本套丛书编撰过程中，我们参考了太平洋岛国地区相关的政策文件、地图资料以及文字资料，力求内容准确、数据严谨。虽然我们已尽全力，但是书中难免出现错误和疏漏，还请广大读者不吝指正。此外，本套丛书的出行指南部分引自太平洋岛国政府网站、旅游企业网站及互联网媒体，仅供读者参考。某些旅游资讯如网址、景区电话、开放时间、门票价格等有可能发生变化，请以官方发布的信息为准。使用本图书或第三方网站上的任何信息产生的后果，作者和出版社概不负责。希望本套图书的出版，能够为中国公民赴太平洋岛国地区旅游提供出行参考，同时也为促进中国与太平洋岛国地区旅游业的合作与交流，尽一份绵薄之力。

目 录

帕劳

第一节　国家速写…………………………………… 1

第二节　国家亮点…………………………………… 10

第三节　旅游中心地………………………………… 20

第四节　出行指南…………………………………… 74

基里巴斯

第一节　国家速写…………………………………… 86

第二节　国家亮点…………………………………… 98

第三节　旅游中心地………………………………… 102

第四节　出行指南…………………………………… 121

密克罗尼西亚联邦

第一节　国家速写…………………………………… 131

第二节　国家亮点…………………………………… 142

第三节　旅游中心地………………………………… 144

第四节　出行指南…………………………………… 160

马绍尔群岛

第一节 国家速写	169
第二节 国家亮点	184
第三节 旅游中心地	187
第四节 出行指南	198

瑙 鲁

第一节 国家速写	205
第二节 国家亮点	214
第三节 旅游中心地	215
第四节 出行指南	220

参考文献

参考文献 ……………………………………………… 227

帕 劳

第一节 国家速写

一 国名

帕劳，全称帕劳共和国，英文名为"Palau"，在当地土语中意为"群岛"，在夏威夷英语中意为"你真了不起"。当地流传着一个古老的传说，说帕劳是由一个贪吃爱睡的男孩——尤伯（Uber）的身体变来的。尤伯需索无度、脾气暴躁，要求村民每天给他供应食物。他食量惊人，吃光了镇上所有能吃的东西，导致镇上闹起饥荒。村民们不堪压迫，决定除掉他，他们趁着尤伯睡熟时将他绑起来，在其四周点上火。火势蔓延到尤伯身上时，他从梦中惊醒，用力挣扎，最后他的身体碎裂，双脚变成佩莱利乌岛（Beliliou Island）和昂奥尔岛（Ngeaur Island）[又译作"安加尔岛"（Angaur Island）]，双腿变成科罗尔岛（Koror Island），硕大的身躯变成巴伯尔道布岛（Babeldaob Island）。

二 地理

帕劳位于西太平洋，是密克罗尼西亚群岛西部较大的岛屿之一，也是西加罗林群岛最西的岛屿。它拥有重要的地理位置，西与菲律宾相距880公里，东与密克罗尼西亚联邦相邻，南与巴布亚新几内亚和印度尼西亚隔海相望，北与关岛相距约1126公里、与日本相距 4000 公里，是太平洋进入东南亚的门户之一，因此成为第二次世界大战中太平洋战争的主战场之一。

帕劳国土面积 458 平方公里，海岸线长 1519 公里，海洋专属经济区为 62.16 万平方公里。截至 2015 年，帕劳人口为 2.1 万人。[①] 帕劳全境有 340 多座岛，其中 8 座有人长期居住。岛屿按地质分为两种不同的类型，北方多为火山岛，南方多是珊瑚礁岛。巴伯尔道布岛是帕劳面积最大的岛屿，占地 332 平方公里，多山地，帕劳最高峰——海拔 242 米的恩切尔奇斯山（Mount Ngerchelchuus）即位于该岛。帕劳属于热带雨林气候，年平均气温 27℃左右，年平均降雨量 3800 毫米。帕劳位于赤道附近，地转偏向力较小，极少受到热带气旋影响。帕劳主要岛屿分布见图 1-1。

图 1-1　帕劳主要岛屿分布

[①] 世界银行网站，http://data.worldbank.org/country/palau，最后访问日期：2017 年 2 月 15 日。

帕劳拥有丰富的自然资源。其一，热带雨林资源广布，常见的热带植物有黑檀木、孟加拉榕树、面包树、椰子树、露兜树等；其二，海洋生物种类繁多，有超过1500种鱼类、700多种珊瑚和海葵；其三，拥有纯净的海洋生态系统、世界上独一无二的无毒水母湖、彩色的海水、洁净的水质、世界上最美丽的海底珊瑚礁景观和彩虹状的白色沙滩。

帕劳是一个多民族国家，居民主要是帕劳人和菲律宾人，还有少量的日本人、华人、密克罗尼西亚人和欧洲人。帕劳是一个信仰多元的社会，主要宗教是基督教，如罗马天主教、新教，另有少数帕劳人信奉帕劳土著宗教摩德肯基教。

全国划为卡扬埃尔、艾梅利克、艾伊拉、梅莱凯奥克、雅拉尔德、雅德马乌、埃雷姆伦维、雅庞、恩切撒尔、雅切隆、宜瓦尔、科罗尔、佩莱利乌、昂奥尔、松索罗尔和哈托博海伊16个行政区，各州自行立宪。

三 历史

根据史料记载，早在4000年前，帕劳就有人类居住，对于帕劳人何时定居于此有两种说法，一种说法是公元前2500年，另一种则是公元前1000前后。近些年的考古研究发现，在公元前1000左右，帕劳的洛克群岛已经进入母系氏族社会时期，大型村落出现在公元前900~前700年。

1543年，西班牙探险家鲁伊·洛佩斯·德比利亚洛沃斯（Ruy López de Villalobos）发现帕劳。1686年，西班牙提出对帕劳拥有所有权，但此后西班牙没有在帕劳进行殖民开拓。帕劳与欧洲人的第一次接触是在1783年。当时英国船长亨利·威尔逊（Henry Wilson）的船只在帕劳乌龙岛触礁，但得到帕劳土著居民的帮助，此后英国在1790年宣布占有帕劳。1885年，西班牙重新控制帕劳，并把基督教和字母文字带到帕劳。

1898年，美西战争爆发，战败后的西班牙把帕劳等太平洋岛屿卖给德国。1899～1914年，帕劳为德国的殖民地。第一次世界大战期间，帕劳被日本占领，成为日本在西太平洋海域的军事要塞和殖民地。1920年，帕劳成为国联授权下的日本委任统治[①]地。太平洋战争期间，美、日在此地进行过激烈战斗，美国击败日本，占领帕劳。此时，岛上的大部分建筑物遭到严重破坏，帕劳的经济发展受到影响。二战后，帕劳成为美国的托管地。

从1969年开始，帕劳就其未来政治地位同美国展开谈判。1977年5月，美国政府宣布于1981年终止托管协议。1980年11月17日，帕劳同美国草签了《自由联系条约》，在1981年1月1日宣告结束托管状态，转为与美国的"自由联合"。1986年，帕劳组成政府，改名帕劳共和国。1994年10月1日，帕劳独立，科罗尔（Koror）被选定为首都和行政中心。2006年10月1日，首都迁往梅莱凯奥克州（Melekeok State）的恩吉鲁模德（Ngerulmud）。

四　政治

帕劳是总统共和制国家，按照三权分立设立立法、行政和司法机构。帕劳在实行总统制的同时，还部分保留了历史上遗留下来的酋长制，设有村长。根据帕劳宪法的规定，总统由选举产生，是国

---

① 委任统治是1918年11月第一次世界大战结束后战胜国建立的通过国际联盟对战败国的殖民地进行再分割和统治的一种制度。

家的最高元首和行政首脑，拥有行政、外交和军事最高权力，任期4年，可以连选连任。

帕劳行政机构也称政府机构，由总统和副总统领导的各部部长及官员组成，分为16个部，主要包括司法部，国务部，财政部，教育部，市区与文化事业部，建设与工商部，卫生、自然资源、环境与旅游部等。

帕劳国会由参众两院组成，两院议员均由选举产生，任期均为4年。帕劳参议院权力比众议院要大一些，具有对总统候选人提出建议和表决的权力。参议院由14名议员组成，按人口比例从参议员选区中选出；众议院有16名众议员，从帕劳16个行政区中各选出一名。两院均设议长职位。帕劳司法独立。帕劳法院有三级，分别为最高法院、全国法院和下属法院。最高法院由大法官、行政主管和文员组成，大法官经国会批准后由总统任命，终身任职。

五　经济

殖民地时期，帕劳的经济以采矿业、渔业和种植业为主。德国统治时期，在帕劳开辟可可种植园，并在安加尔岛开采磷酸盐矿。日军占领期间，大力发展甘蔗种植业、采矿业、渔业和热带农业。长期的殖民统治使帕劳的资源被过度开发，矿产等资源逐渐枯竭。二战后，在美国的托管下，椰子油、金枪鱼、椰子饼干和废金属出口支撑着帕劳的财政收入。独立后，帕劳调整产业结构，大力发展以旅游业为主的服务业。据统计，2013年，帕劳国内生产总值为2亿美元，其中服务业占86%，农业占5%，工业占8%，制造业占1%。历史上，帕劳传统货币——"女人钱"、德国马克和日元都曾作为通用货币在帕劳流通，目前帕劳的通用货币是美元。

六　文化

帕劳既保持着自己独特的原始风情和浓厚的历史神秘感，也不断吸收和传承着其他外来文化，如西班牙文化、德国文化、日本文化和美国殖民文化。不同的文化带来了不同的语言、艺术、礼仪和习俗，铸就了帕劳独特而又多姿的魅力。

（一）语言

帕劳语和英语是帕劳的官方语言，13个州把这两种语言作为官方语言，3个州以本地的地方语言取代帕劳语作为官方语言。

（二）体育运动

帕劳的体育运动主要是帕劳竞赛。帕劳竞赛起源于科罗尔岛，由铁人三项联合会组织，在每年12月1~2日举行，内容包括游泳、铁人三项和自行车竞赛等。竞赛允许任何人参加，很受帕劳人欢迎。

（三）神话传说

1. 沉入海中的村落

很久之前，帕劳宜瓦尔州的一个小村落中住着一位名叫戴拉布克的老妇人。老妇人非常爱吃鱼，但自己年事已高，不能亲自出海捕鱼。老妇人虽有一个儿子，但儿子经常在外地，两人见面的机会很少。村落里的男人捕到鱼后从她家路过，但没有人分给她鱼吃，老妇人只有唯一的食物——屋外面包树上的果实。有一天，儿子回家，老妇人无法承受村里人对自己的漠然态度，也无法忍受吃不到鱼的痛苦，就将这些事情边哭边讲给儿子听。儿子听了之后既气愤又伤心，不巧砍断了院子里面包树的一根树枝，没想到竟有海水从面包树中缓缓流出，更没想到每当出现大浪的时候，就会有鱼从树中飞出来。自此，老妇人在自己的庭院里能轻松地捕到鱼。

村里人很快就听说了这件事情,他们认为老妇人轻松地捕到鱼对自己很不公平,他们抑制不住自己的嫉妒心理,前去把老妇人家的面包树砍倒。果不其然,各种各样的鱼儿从面包树中飞出来。他们心满意足地装着从面包树中流出来的鱼回到自己的家,心安理得地入睡。没有人想到的是,海水从面包树中一直流出,流了一整夜,淹没了整个村落。这个传说中被海水淹没的村落,在现实中的原型是位于巴伯尔道布岛东部的著名的潜水点——沉入海中的村落。

2. 满月时的海龟

很久之前,帕劳有一对相爱的情侣,男子居住在佩莱利乌岛,女子居住在安格利奇比桑岛,两岛之间距离比较远。两个人决定在满月之夜同去安马里斯岛会面。满月之夜,两人按照约定相会于安马里斯岛。当晚夜色迷人,圆圆的月亮周围只有点点星光点缀,把整个岛屿照得亮堂堂,在天空中静静地陪伴着两人。两人在这美丽的月色下互诉衷肠,渐渐睡去。第二天早上两人醒来后,男子发现女子的草裙不见了,在岛上找了好久,依旧没有找到,只能编织一条新的草裙,并且在分离时约定下次满月之夜再次相会于此。

等待总是如此漫长,好在时间如齿轮般无休止地转动,一个月缓缓走过,终于到了月圆之夜。两人再次来到安马里斯岛携手相会,岛上的夜色一如往常地美丽。两人坐在沙滩上互诉思念之情,突然,海边传来"沙沙"的声音,打断了两人的聊天,他们循着声音找去,发现海滩边有只海龟,其足部缠绕着的正是一个月前女子丢失的草裙。由此,帕劳人发现海龟的产卵周期和月亮的盈亏时间一致,后来海龟的这个生活习性被猎人们巧妙利用,并流传下来。

3. 美人鱼的由来

很久之前,科罗尔岛的一个小村庄里居住着一位贫穷的母亲。母亲深爱着她的女儿,但她的女儿没有结婚就怀孕,而未婚先孕在那时的帕劳是不允许的,后来这个消息传了出去,她的家族受到村里的制裁。母亲为了避免女儿遭受更多的责难,处处为女儿着想,告诫女儿怀孕期间遵守饮食习惯,千万不能触犯传统禁忌,以免再次遭受制裁。女儿遵从母亲的忠告,在几个月之后便生下了孩子。母亲同样忠告了产妇的禁忌食物,其中包括女儿爱吃的核桃,女儿虽然很想吃,但一直都克制着。一天,母亲去农田干活儿,女儿禁不住诱惑将手伸向了核桃,这一幕刚好被回家拿东西的母亲看到,女儿害怕之下站起来抱起孩子,疯狂地向海边奔跑,到了码头之后跳入大海,游到遥远的海面,慢慢变成美人鱼。

(四) 女人钱

"女人钱"(Udoud ra Belau)在人类物品交换史上是一种奇特的物品,对帕劳诸岛的人民而言更是有着不同的意义。"女人钱"通常串成一串,被用于与出生、死亡、婚姻、盖新房等有关的传统习俗中。"女人钱"在帕劳已流通了几个世纪,英国海上舰队的亨利·威尔逊船长是第一个将它记录下来的人。1783年,英国征服帕劳。

虽然德国人在1899~1914年将德国马克带入帕劳,但帕劳人仍然保留了传统的"女人钱"。1914~1944年,日本人又把日元引进帕劳,至此德国马克被日元全部取代。在帕劳的历史上,日元成为第一种介入传统交换行为的货币,成为"女人钱"之外的另一种选择。第二次世界大战之后,美金又取日元而代之,一直被帕劳人使用至今。当地的长老在日本统治时代一度丧失其统驭的力量，之后又重新掌控传统与习俗，"女人钱"于是又再次活跃起来。"女人钱"在当今的帕劳社会虽不能拿来买东西，却是传统文化中极其重要的组成部分，它在帕劳人眼中的价值并没有随着时间的流逝而下降。

（五）重要节日

1. 帕劳观光节

帕劳的观光节在每年4月的最后一个星期或5月的第一个星期举办，是帕劳一年之中最盛大的节日，也是帕劳一年一度的钓鱼观光盛会。节日期间，帕劳的大街小巷都很热闹，丰收的钓鱼人竞相展示自己的成果，喜爱钓鱼的人也会兴致勃勃地参与进来。

2. 感恩节

帕劳文化受美国文化影响很深，在帕劳当地，通常会庆祝一些北美节假日，感恩节便是其中之一。感恩节旨在感谢生命中遇到的人和事，在十一月的最后一个星期四（11月23日）举办。餐馆在这一天通常会搜集大量食材，提供各种美食，尤以科罗尔岛周围的餐馆提供的美食居多。

3. 行宪纪念节

1981年7月9是帕劳宪法生效后开始施行的时间，为了纪念这一天，国家宣布每年的7月9日为行宪纪念节。此外，每年的7月9日也是帕劳的艺术节，在这一天会展示岛上艺术家和手工艺人的作品。

4. 国际摄影节

帕劳的国际摄影节兴起于2002年，通常在3月举行，期间会有文艺表演、作品展示和颁奖仪式，能够吸引许多当地和国际知名

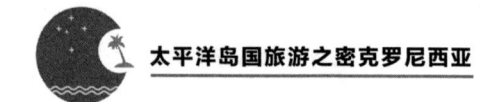

的摄影师参加。节日期间，许多潜水商店也会受到邀请，所以游客只需要与当地的潜水经营处预约，即可享受这一节日的美妙。

5. 帕劳独立日

帕劳先后经历了漫长的殖民统治时期和争取独立的时期，在1994年10月1日获得独立，为了纪念，国家规定这一天为法定假日，公民休假一天。这一天，帕劳最大的城市科罗尔会有各种丰富的节日活动和表演。

第二节　国家亮点

一　体验

（一）潜水

帕劳是世界公认的潜水胜地之一，位居世界七大海底奇观之首，拥有绝美的海底景色和众多海洋生物。潜水是在帕劳旅游时不可错过的项目，帕劳的潜水地见表1-1。

表1-1　帕劳潜水地

潜水地	地形	特色
German Channel	沙地和珊瑚礁	这里生存着帕劳内海和外海的生物，有梭鱼、石斑鱼、狮子鱼、叶鱼、炮弹鱼等。最有名的是蝠鲼，这里的环境适合蝠鲼的生长。大海满潮时，大量的蝠鲼来此捕食浮游生物，看上去就像是一群蝠鲼在水中乱舞
Big Drop-off	断崖	水下深达660米的大型断崖，拥有几乎垂直切断的断崖的墙壁，这里生活着各种稀有的鱼类，如花鲤、花鲈鱼等

续表

潜水地	地形	特色
Blue Holes	洞穴和山崖	水下通道水深 1~3 米处有 4 处洞穴,潜水者通常从最大的洞穴下潜,光线从上面的洞穴中照射下来,洞口海水呈神秘的深蓝色
Blue Corner	断崖	蓝角是面对外海伸出的 V 字形场所,它的地形是面对潮水走向的,有众多的鱼类在此逗留。这里的鱼群很壮观,包括 10 种鲹鱼,环游鱼群特别是梭子鱼形成墙壁
Ulong Channel	沙地	水道内部是珊瑚浅滩,水道外部是断崖构造,潜水时游客可以根据涨潮和退潮水流方向的不同,选择由内向外或者由外向内两种方式
Siaes Tunnel	海底和断层	西亚斯隧道共有三个出口,小洞口处聚集有非常受欢迎的紫玉雷达(Helfrichi)和紫火鱼等鱼类,大洞口处聚集有阔步鲹等鱼群,另一个洞口内外生长有柳珊瑚和软珊瑚等软体珊瑚
Iwekakou	沙地和暗礁	尤卡酷位于巴伯尔道布岛的西北通道,盛产蝠鲼,在这里游客可以近距离观察腹部为黑色的蝠鲼和腹部为白色的蝠鲼,最佳观察时间是 12 月至次年 5 月

(二) 乘坐直升机

从空中俯瞰,帕劳五彩缤纷,深绿色的岛屿在海水中彼此相连,海水呈融入纯白沙滩的土耳其蓝、温润的瓷蓝和绿意渐深的靛蓝,仿佛海岛创造的艺术品。

对于预算宽裕的游客来说,乘坐直升机从空中眺望帕劳的美景是个不容错过的机会。乘客可以在空中俯瞰帕劳的整个岛屿及潟湖,能够观赏到帕劳色彩斑斓的壮丽景色。帕劳有两种规格的直升机,最多乘坐 4 人:副驾驶 1 人,第二排 3 人。副驾驶位置观景角度最好,第二排中间的位置观景角度最差。包机比较方便,若与其他游客共乘一架飞机观赏，最好提前协调好座位。

根据飞行的时长和欣赏到景点的不同，乘坐直升机的价格也有所差异。其中，乘坐时间短的，基本可以欣赏到的景点有情人桥、水母湖和牛奶湖；乘坐时间长一些的，能够欣赏到的景点有帕劳七十群岛、情人桥、水母湖和牛奶湖；乘坐时间最长的，能够欣赏到的景点有七十群岛、情人桥、水母湖、牛奶湖、天然拱桥、蓝角、德国水道和长滩岛。在帕劳，直升机公司的信息和注意事项见表1-2。

表1-2 帕劳直升机公司

公司名称	地址	联系方式	注意事项
Smile Air Inc	巴伯尔道布岛帕劳国际机场	电话：(680)7785111/(680)5871474 邮箱：info@smile-air.com 网址：http://www.smile-air.com	提供时长分别为15分钟、30分钟、45分钟的游览；乘坐直升机时需要出示护照复印件
Rock Island Helicopters	科罗尔岛	电话：(680)4886670 邮箱：ockislandhelicopters@yahoo.com	提供时长分别为20分钟、40分钟、60分钟的游览；可搭载4名乘客
Palau Helicopters	科罗尔岛	电话：(680)4882637 网址：http://www.palauhelicopters.com	提供时长分别为30分钟、45分钟、60分钟的游览；可搭载4名乘客；提供无门的直升机游览

（三）皮划艇

游客可以选择在自然学家的带领下划皮划艇游览洛克群岛、红树林等地，在无人岛上露营，观赏野兰花、咸水鳄鱼以及儒艮（海牛）等稀有动植物，还可以直接地接触帕劳的大自然；同时，也可以参观二战遗址，追溯第二次世界大战的历史。皮划艇的提供地集中在科罗尔岛。

海洋划船泛舟被称为"Ocean Kayak",游客乘坐长约不到3米的一体化塑料游船,重约20公斤,其内中空,浮力很强,稳定性高,游客可放心地在大海上游乐。

IMPAC Kayak & Rock Island Tour
所需时间:约7小时30分钟(乘独木舟约90分钟)
电话:(680)4880606/(680)4883779
网址:http://www.plau-impac.com

RITC 公司之旅
所需时间:约7小时(乘独木舟约90分钟)
电话:(680)4881573/(680)4885135
网址:http://www.palauritl.com

(四)海钓

海钓在帕劳是一项超级刺激的挑战,它需要相当的力量与技巧,与垂钓有着很大的区别,经验丰富的海钓者能轻而易举地钓上10斤重的鲷鱼。海钓多集中在科罗尔岛,主要的项目有 Swings Palau Tours[电话:(680)7794099,网址:www.swingspalautours.com]。

(五)按摩

潜水之后,做一个全身油压是一件非常惬意的事。帕劳有许多按摩店,店老板主要以中国人和菲律宾人为主。按摩师用椰子油按摩全身,历时一小时,也可以提供免费上门服务。提供全身油压服务的酒店或度假村有很多,如表1-3所示。

表1-3　帕劳提供全身油压服务的酒店或度假村

名称	地址	联系方式
Palau Pacific Resort	安格利奇比桑岛	电话：(680)4882600 网址：http://www.palauppr.com/en 邮箱：guest@ppr-palau.com
West Plaza Hotel Malakal	马拉卡尔岛	电话：(680)4885291 网址：http://www.wphpalau.com 邮件：westplaza@palaunet.com
Palau Paradise Hotel	科罗尔岛	电话：(680)4888004 网址：http://www.paradisepalau.com/gnuboard4/ 邮箱：paradisepalau@gmail.com
Palau Royal Resort	马拉卡尔岛	电话：(680)4886688 网址：http://www.palau-royal-resort.com 邮箱：info@palau-royal-resort.com
Guang He Massage Parlor	科罗尔岛	电话：(680)4885380

（六）水疗

帕劳是极受欢迎的温泉疗养地，帕劳的水疗包括使用天然材料的美容和温泉按摩。热石疗法、足底按摩和天然的护肤品是帕劳的特色。帕劳提供水疗的酒店或度假村如表1-4所示。

表1-4　帕劳提供水疗的酒店或度假村

水疗地点	风格	电话	特色
Airai Water Paradise Hotel & Spa	栀子花矿泉疗法	(680)5873530	护理员都在巴黎接受过训练
Palau Royal Resort	曼达拉水疗	(680)4882000	在美国和夏威夷都设有分店

续表

水疗地点	风格	电话	特色
Palau Pacific Resort	曼达拉巴黎式水疗、红树林水疗	(680)4882600	护理员都受过专业的训练；拥有全身美容和按摩浴缸
Ngerekebesang Island	美容沙龙	(680)4885863	富有芬芳的植物的蒸汽浴

二　美食

（一）椰子蟹

椰子蟹是一种寄居蟹，生活在热带太平洋和印度洋附近的热带雨林中，善于爬树，能爬到高达18米的椰子树、棕榈树、栲树等热带树的树顶，寿命长达60年，最佳饵料是椰子肉；双螯非常有力，能轻而易举地爬上高树剪下椰子，并凿开椰壳享用椰子肉，除此之外，也以各种水果和坚果为食。椰子蟹的成长非常缓慢，每蜕一次皮身体才会长大一些，幼蟹每年蜕皮2~3次；成年蟹每年仅蜕皮一次。科罗尔岛的椰子蟹以肉质鲜嫩、透着椰子的清香而闻名于世。

（二）水果蝙蝠汤

水果蝙蝠汤是帕劳的一道名菜。帕劳的蝙蝠特别多，它们经常徘徊在丛林之中，吸取不同花朵的汁液。帕劳人认为它们吸取了植物的精华，对身体有益，于是形成了将蝙蝠煮汤的习俗，且在煮汤时多配以椰汁、枸杞子、姜和香料等。医学证明，蝙蝠汤的确对健康有益，可作为中药，用于治疗久咳、疟疾和目翳等。食用时，帕劳人将蝙蝠与汤分离，汤呈乳白色，清爽可口；蝙蝠作为

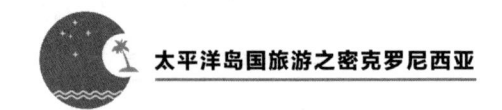

菜食，味道鲜美。因为整只蝙蝠放在盘中有些吓人，所以水果蝙蝠汤被评为"世界十大恐怖的汤"之一。尽管如此，但它仍是值得一试的美食。

（三）红树林蟹

红树林蟹生长在野生红树林中，可以通过爬树保护自己。它的肉质鲜美，但在科罗尔岛的数量不多，人工养殖的很少，游客想要品尝红树林蟹，需要提前与餐厅预约。

（四）石斑鱼

帕劳的海鲜要数石斑鱼最常见。石斑鱼生活在海边石头的缝隙中，有海中鲤鱼之称，但食用价值和味道要远高于鲤鱼。石斑鱼为雌雄同体，雄性明显少于雌性，具有性别转换特征。首次性成熟时全系雌性，次年再转换成雄性。石斑鱼喜静怕浪，喜暖怕冷，喜清怕浊。在10～15米深的海底，尤其在多岩礁洞穴和珊瑚地带，经常会有石斑鱼出没。石斑鱼营养价值很高，是一种低脂肪、高蛋白的上等食用鱼，除了含有人体所必需的氨基酸外，还富含多种无机盐和铁、钙、磷以及各种维生素。石斑鱼鱼皮胶质的营养成分，对增强上皮组织的完整生长和促进胶原细胞的合成有重要作用，由此石斑鱼也被称为"美容护肤鱼"。

（五）红毛榴梿

红毛榴梿属于常绿乔木，树高达8米，树皮比较粗糙。红毛榴梿喜光耐阴，在光照充足的情况下，生长健壮，叶片肥厚，果农培养的时候经常利用这一原理，通过在果实发育阶段增加光照来提高果实品质。一个红毛榴梿的蛋白质含量为0.7%，脂肪含量为0.4%，糖类含量为17.1%。

（六）龙虾

帕劳的龙虾不仅营养丰富，而且味道鲜美。龙虾蛋白质含量高，占总体的 16%~20%；脂肪含量低，不到 0.2%，而且所含的脂肪主要是不饱和脂肪酸，宜于人体吸收。虾肉内锌、碘、硒等微量元素的含量要高于其他食品，它的肌纤维细嫩，易于消化吸收。此外，龙虾肉还极富药用价值，能化痰止咳，促进手术后的伤口生肌愈合。

（七）生鱼片

帕劳的海鲜种类很多，人们将钓线拴上坠子随便往海里一扔，就能钓到小鱼。帕劳海域盛产活蹦乱跳的鲷鱼和鲹鱼，因此生鱼片的种类很多。这里的生鱼片造型漂亮，口感柔嫩，很有特色。生鱼片富含蛋白质，也含有多种的维生素与微量矿物质，而且脂肪的含量很低；质地柔软、易于咀嚼和被人体吸收。

（八）空心菜

帕劳四面环海，自产蔬菜很少，绝大部分食材需要进口。空心菜是帕劳最常见的蔬菜，几乎每个餐厅都会提供沙拉、凉菜等含有空心菜的菜肴。空心菜，原名蕹菜，因其开白色喇叭状花，花梗中空，故被称为"空心菜"。空心菜具有促进肠蠕动、通便解毒的作用；食后可降低肠道的酸度，预防肠道内的细菌群失调，对防癌有益；可以洁齿、防龋、除口臭、健美皮肤，堪称美容佳品。此外，空心菜还有预防感染、防暑解热、凉血排毒、防治痢疾等功效。

三　购物

（一）木雕故事板

1929 年，一名来自日本的美术教师来帕劳任教。这位美术教师在任教期间，从帕劳古代的艺术品中受到启发，将建筑上的装饰画雕刻到小木板上，这就是木雕故事板的由来。后来，人们雕刻的内容不再限于普通的绘画作品，而是逐渐扩大到当地的神话传说、传统节日和具有纪念意义的重大事件等。这种将画刻在小木板上的做法一直延续至今。在科罗尔岛上，游客还可以见到立体木板雕刻。由于雕刻的内容丰富，具有传播文化的价值，木雕故事板逐渐成为帕劳最具特色的传统工艺品。帕劳的木雕故事板都是由工匠师傅手工制作的，所以每一块木雕故事板都是世界上独一无二、绝无仅有的。木雕故事板是帕劳的特产，更是帕劳文化传播的载体、帕劳人民智慧的结晶。

（二）编织工艺品

在帕劳的历史上，一直存在使用露兜树编织物品的传统。最初，这些编织工艺多被用于编织生活必需品。但随着经济的发展，生活必需品的来源开始多样化，手工编织品市场开始萎缩。帕劳旅游业的快速发展使传统编织技术焕发了新的生命力，现在帕劳人多使用露兜树编织手提包、帽子、垫子、箱子等工艺品，这些工艺品颇受游客的欢迎。

（三）贝类加工品

帕劳海滩的贝类资源丰富，而且形状千奇百怪。帕劳人喜欢将一些形状或奇特或美丽的贝类串起来挂在身上。贝类装饰品是颇受帕劳人喜欢的传统工艺品，在当地商店里随处可见，可爱的女士挎包、美丽时尚的项链、特色十足的房屋挂饰等商品中都可以见到它们的身影，这些工艺品是帕劳人民生活的经验和智慧的结晶。

（四）帕劳纪念币

独具特色的帕劳纪念币也是很有纪念意义的传统工艺品。纪念币中嵌入的绿色淡水珍珠是当地的幸运之物，据说能带给人们快乐和好运。帕劳纪念币通常是为纪念重大政治历史事件和弘扬传统文化等而发行的,在市场上流通时具有和纸币等同的价值,但由于它的主要作用是满足人们的收藏需求,因而很难在市面上见到。游客可以在帕劳国家银行咨询关于购买帕劳纪念币的事宜。

(五) 纪念邮票

帕劳的纪念邮票是为了纪念重大的事件或人物而发行的,大多以纪念事件和人物为主图,有时还印有纪念邮票的名称。纪念邮票和普通邮票一样,也属于通用邮票,一般可粘贴于各种信件之上。帕劳的纪念邮票很有特色,但很难在当地的邮票店见到。此外,当地的普通邮票也很有特色,色彩鲜艳、样式美观,上面还绘有当地的动物和花卉,十分适合用来做纪念品,在路边的邮票店就可以买到。

(六) 椰子制品

椰子制品在帕劳十分普遍,是帕劳的特色产品,在超市、礼品店以及机场都可以买到。比如用来按摩身体、脸部和头发的椰子油,它的滋润作用很好而且味道香甜;用椰子油制成的椰子香皂和椰子乳液也是非常受欢迎的特产;椰子饼干和椰子壳制品等也是不错的小礼物。

(七) 钱项链

钱项链是帕劳的又一传统特色,对于帕劳的人民有不同寻常的意义。帕劳的女人通常用一根黑线串一个"女人钱"佩戴,对于她们来说,佩戴"女人钱"是金钱和地位的象征。在科罗尔岛的各个礼品店里都可以看到用石头、玻璃、陶瓷等制成的项链、手链等首饰,但珍贵的"女人钱"价格昂贵,而且很难买到,旅行者可以在当地的礼品店买到颜色鲜艳、造型多样的仿制品。

（八）T恤衫

T恤衫是休闲装的代表，也是游客在帕劳必买的产品。帕劳的T恤衫样式独特，自己穿着或者作为礼品都是很好的选择，在礼品店、潜水店、百货商店都可以买到，也可以根据喜欢的款式和图案定做。帕劳T恤衫的结构设计简单，有袖式、背心式、露腹式三种，是夏季服装最活跃的品类，可自由搭配。

第三节　旅游中心地

一　科罗尔岛

（一）速写

科罗尔岛位于西太平洋加罗林群岛，面积仅约8万平方公里。岛上常住人口约为11200人，占全国总人口的90%。科罗尔岛与安格利奇比桑岛、马拉卡尔岛同属科罗尔州。科罗尔岛属于热带海洋性气候，四季如夏，年平均温度28℃，年降雨量3800毫米。由于位于赤道附近，地转偏向力较小，绝少受到热带气旋影响，全年都比较适合旅游出行。

1873年，英国船长亨利·威尔逊的船只在帕劳触礁，得到科罗尔岛土著居民的帮助。当时帕劳的几个岛屿由几位酋长管辖，科罗尔岛的酋长伊贝杜尔（Ibedul）被这些船员和后来达到该岛的异地人误认为是帕劳的国王。伊贝杜尔使用外国人带来的枪支，由此使科罗尔岛在与其他岛屿的竞争中占据了优势，基本上独占了与欧洲诸国的交易。在伊贝杜尔的管理下，科罗尔岛成为当时帕劳经济最发达的地区。1885年，科罗尔岛成为西班牙的殖民地；1898年，美西战争爆发，科罗尔岛等太平洋岛屿被战败的西班牙卖给德国。

科罗尔岛在第一次世界大战期间被日本占领,在1920年成为国际联盟授权下日本的委任统治地。二战过后,帕劳被美国暂托管理,科罗尔岛逐步发展为以旅游业为主要产业的岛屿。1994年10月1日,帕劳独立,岛上的科罗尔市被选定为首都和行政中心。

帕劳独立后,科罗尔把每年的10月1日定为独立日,重要的节日还有青年节(3月15日)、总统节(6月1日)、感恩节(12月23日)等。1999年,南太平洋岛国论坛第30届年会在科罗尔举行。帕劳高中是这个国家唯一的公立高中,科罗尔岛小学入学率为95%,成人识字率在92%左右。

殖民地时期,科罗尔岛上最主要的经济支柱是渔业。美国托管期间,岛上农业处于较低的水平,主要依靠生产初级产品和出口废金属获取财政收入。1994年独立后,国家开始调整产业结构,大力发展以旅游业为主的服务业,科罗尔岛与巴伯尔道布岛之间新大桥的修建也带动了岛上经济的发展。科罗尔岛的主要贸易伙伴为美国和日本,主要经济来源是美国的援助,面临的经济挑战是减少对外国经济援助的依赖和长期发展的能力。帕劳传统的"女人钱"、德国马克和日元都曾在岛上流通,但目前岛上通用的货币为美元。

(二)景点

科罗尔岛的主要景点见图1-2。

1. 帕劳国家博物馆

帕劳国家博物馆(Palau National Museum)始建于1955年,是密克罗尼西亚最古老的博物馆,前身是日本气象局大楼,现在的建筑是2005年建立的新馆,建造博物馆的目的在于保护国家民族文化遗产。

帕劳国家博物馆分为四个部门,分别是自然历史部、媒体集

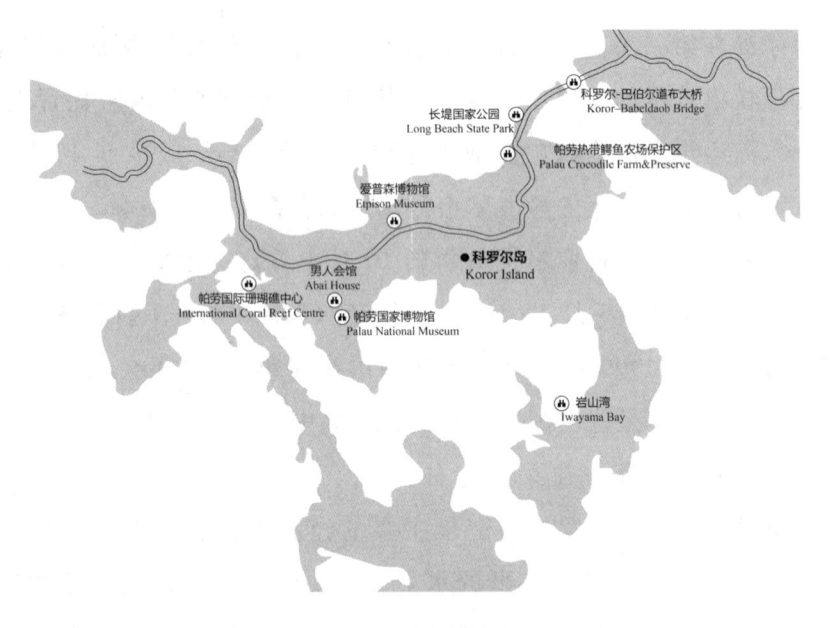

图 1-2 科罗尔岛主要景点分布

部、艺术与文化部和图书馆部。自然历史部是博物馆新成立的一个部门，管理着帕劳自然历史的重要档案；媒体集部拥有总数超过25000张的照片，这些照片的内容包含历史事件、乡村生活、传统习俗等，是记录帕劳社会发展的重要载体；艺术与文化部收藏有4500件展品，内容涉及人类学、艺术、历史等多个学科，这些收藏品大多来自密克罗尼西亚；图书馆部收藏有超过5000册的书籍，其中不乏一些罕见的原始书籍，这些书籍不流通，但是允许游客在开放时间参观研究。

克亚姆咖啡馆和代莱克都巴斯（Ulekdubs）礼品店是博物馆的重要组成部分。克亚姆咖啡馆提供新鲜的咖啡、多样的甜品和风味点心；代莱克都巴斯礼品店出售帕劳的各种手工艺产品，包括露兜树编织品、木雕故事板、贝类加工品等传统工艺品，以及内容丰富的书籍、椰子制品、关于帕劳和太平洋区域的 DVD 和明信片等。

帕劳国家博物馆其他有关信息见表1-5。

表1-5 帕劳国家博物馆

景点名称	帕劳国家博物馆
营业时间	博物馆和克亚姆咖啡馆：周一至周五，9:00~17:00；周六，10:00~17:00；周日，13:00~17:00 图书馆：周一至周五，9:00~17:00（周六、周日休息） 代莱克都巴斯礼品店：周一至周五，9:00~17:00；周六，10:00~17:00；周日，9:00~17:00；帕劳国家法定假日休息
地址	科罗尔岛中心南部（Koror, Koror Island 96940, Palau）
联系方式	电话：(680)4882265 邮箱：bnm@palaunet.com 网址：http://www.belaunationalmuseum.net/
到达方式	从帕劳社区学院沿路上山就能到达博物馆；免费交通工具的提供时间：9:00~17:00

2. 男人会馆

帕劳早期是母系氏族社会，女性在社会中享有很高的地位，掌握氏族的领导权；男人负责养家和管理家务。男人会馆（Abai House）几乎存在于早期帕劳的每个村落，是男人秘密集会的场所，男人可以在这里倾诉苦衷、商议政治和军事等，一般不允许女人进入。

男人会馆属于帕劳传统长形屋，全屋皆为木造，拥有用椰子叶覆盖的三角形屋顶，内部空间宽敞，屋子中央设有取暖的火台。男人会馆装饰考究，全都以彩绘覆盖，每个彩绘图案的背后都有独特的故事或特殊的含义。例如，公鸡与蝙蝠代表门神，蜘蛛代表神圣的动物，小男孩代表尤伯的传说。男人会馆不使用钉子和螺钉，结

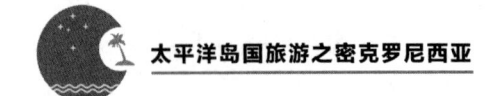

构简单,在 1912 年的一次风灾中,大部分既存的男人会馆被风吹垮,帕劳国家博物馆外的男人会馆就是重新修建的。现在,虽然男人会馆已失去其原始用途,但是会馆上的彩绘仍然讲述着帕劳的历史和文化。

营业时间:9:00 ~17:00(周日、主要的节假日闭馆)
地址:帕劳国家博物馆外(Koror,Koror Island 96940,Palau)
达到方式:可打车或包车前往

3. 爱普森博物馆

爱普森博物馆(Etpison Museum)于 1999 年 8 月开馆,是为纪念帕劳第三任总统和帕劳尼科集团创始人爱普森(Ngiratkel Etpison)而建造。目前,博物馆主管是爱普森总统儿子的夫人。

博物馆有两层:第一层是展示厅,展出了帕劳土著民族所使用的土器和石器、收集的珍贵贝壳、雅浦石币、巴拉望(Palawan)货币、亨利·威尔逊的航海日志和表现古代帕劳人生活的模型等;第二层是画廊和纪念品店,纪念品店出售图书、首饰以及帕劳著名的特产——木雕故事板。

特色的展品包括:烤干鱼的甲壳敲打后制成的土耳其瓷盘,是帕劳人用来装钱或直接用来进行贸易交换的物品,是无价之宝;在巴伯尔道布岛发现的大理石盆子,被认为是用来装载磨碎的红薯和野草;带有美丽木纹的菲律宾红柳桉树艺术品,其上饰有珍珠贝壳等,具有非常高艺术价值;岛上流行的石头货币。

爱普森博物馆的其他信息见表 1 - 6。

表1-6 帕劳爱普森博物馆

景点名称	爱普森博物馆
营业时间	周一至周六,9:00~17:00;周日闭馆
地址	科罗尔岛中央主街旁
联系方式	电话:(680)4886730 网址:http://www.etpisonmuseum.org 邮箱:info@etpisonmuseum.org
门票信息	游客,$10;12岁以下儿童,免费;当地人和当地学校郊游,免费

4. 帕劳国际珊瑚礁中心

帕劳国际珊瑚礁中心（International Coral Reef Centre）成立于2001年，由日本、美国、帕劳等国家政府通力合作建成，目的在于保护生活在帕劳海域的生物。这也是帕劳的珊瑚和海洋生物研究所，指导帕劳、密克罗尼西亚以及世界其他各国的人民对珊瑚礁进行管理。这里经常开展关于珊瑚的研讨会，是重要且具有权威性的学术机关。

帕劳水族馆是帕劳国际珊瑚礁中心的分支机构，拥有丰富独特的珊瑚及海洋生物。水族馆中既有红树林区域、藻类场所、内海、外海以及深海等不同环境，也有鱼类、珊瑚、甲壳类、贝壳类等多彩生物的养殖和培育区。帕劳国际珊瑚礁中心拥有自己的研究图书馆，图书馆中收集有关于帕劳国际珊瑚礁中心维护的书籍和期刊、PICRC研究出版物和世界生物图鉴；图书馆对公众开放，支持帕劳学生对海洋相关主题进行研究。

在这里潜水，游客可以看到不同形态的水下生物，如多彩鱼（Multicolor Angelfish）、夏威夷海星虾（Hymenocerapicta）、紫玉雷达等，还有可能看到帕劳的鹦鹉螺，世界上最大的鹦鹉螺就生活在帕劳。

帕劳国际珊瑚礁中心的其他信息见表1-7。

表1-7 帕劳国际珊瑚礁中心

景点名称	帕劳国际珊瑚礁中心
开放时间	周一至周五,8:00~17:00;周六、周日,9:00~17:00;圣诞节和元旦闭馆。每天15:30是喂鱼时间。
地址	科罗尔岛M码头的前端
联系方式	电话:(680)4886950 网址:http://www.picrc.org
门票信息	非居民成人,$10;驻地成人,$5;儿童(6~11岁),$3;6岁以下儿童,免费

5. 帕劳热带鳄鱼农场保护区

帕劳热带鳄鱼农场保护区（Palau Crocodile Farm&Preserve）饲养有几只鳄鱼,是帕劳唯一获得国家认证的农场保护区,建立保护区之前只是个农场。农场主约书亚·埃弗顿（Joshua Everton）因在1990年捕获了长约2米的大型鳄鱼而为人们所熟知。20世纪80年代前后,人们肆意捕获大型鳄鱼,身长3米的大型鳄鱼被人们宰杀取皮制作皮革制品,导致鳄鱼的数量急剧减少,濒临灭绝。帕劳政府为了保护这些大型鳄鱼,将此农场改建成农场保护区。

帕劳的森林和河口等处都有咸水鳄鱼活动,但因鳄鱼是夜行动物,很难被人们看到。游客若想要安全地与鳄鱼近距离接触,农场保护区是个不错的选择。

> 营业时间：8：00 ~17：00（周六、周日、节假日休息）
> 地址：科罗尔岛到 KB 大桥经过的第一座大桥的左侧
> 电话：（680）4882004
> 网址：http:// picrc.org/picrcpage

6. 帕劳国家公园

帕劳国家公园又名长堤国家公园（Long Beach State Park），位于科罗尔岛主干道旁，是帕劳唯一的国家公园，也是帕劳著名的观光景点之一。它的规模很小，拥有一个天然泳池，可供人们游泳和戏水等，也可以让渴望零距离接触大海却没有船出海的人玩乐放松。公园海堤的尽头有一处凉亭，没有人租用这片场地的时候，游客可以在这里游玩，人们若想用这片场地组织活动，可以将其租下来，其他人就不可以进来打扰。公园中还有三项活动设施，分别是转转盘、跷跷板和秋千，小朋友们可以在这里游玩。旅客到这里大多是为了拍照和欣赏岸边的小型砗磲贝，也可以在这悠闲的氛围中歇歇脚。

> 地址：位于科罗尔岛主要干道旁
> 门票：公园，免费游玩；凉亭，租赁费用为100美元一天

7. 科罗尔－巴伯尔道布大桥

科罗尔－巴伯尔道布大桥（Koror-Babeldaob Bridge，也称 KB 大桥）总长度413米，将科罗尔岛和巴伯尔道布岛连接起来，既是重要的交通枢纽，也是岛上欣赏日落最美的地方。国庆节的时候，帕劳人会在这里举行庆典活动，桥下的公园是当地人经常聚

会的地方。

原科罗尔-巴伯尔道布大桥由韩国公司出资建造于1978年,在其竣工后的第十年,桥中间出现明显凹陷。1990年,美国路易·伯杰建筑公司(Louis Berger)和日本国际协力机构(Japan International Cooperation Agency, JICA)进行了两项研究,认为这座桥在100年内安全的结论。但在1996年9月26日加固工作完成后,大桥突然倒塌,造成两人死亡、四人受伤,政府宣布国家进入紧急状态。由于帕劳政府缺乏足够的资金支持立即重建一座新桥梁,帕劳总统和外交部部长中村国雄(Kuniwo Nakamura)要求日本提供紧急援助,建造一座新桥梁,提供一个稳定的运输系统,日本派出建筑公司组织重建。科罗尔-巴伯尔道布新大桥于1997年开工建设,于2001年12月竣工。帕劳政府在2002年1月11日举行了新大桥通车典礼,在这次典礼上,大桥被命名为"日本-帕劳友谊桥"。

8. 岩山湾

由于火山的活动,这里的珊瑚礁隆起成为美丽的景观,从这里眺望科罗尔岛,其形状就像鱼钩,此地在日本统治结束后被称为岩山湾(Iwayama Bay)。可以眺望其美丽景色的酒店是很久前建造的帕劳尼科酒店(Nikko Palau Hotel),但该酒店在2002年5月停业。

(三) 体验

1. 潜水

帕劳是公认的世界七大潜水胜地之一,拥有绝美的海底景色和众多的海洋生物,若到帕劳旅游,潜水是一定要参加的项目。潜水者进行有证深潜需要持有国际潜水认证体系颁发的OW及OW以上证照。潜水地点主要是标准开放水域,包括蓝洞、蓝角、大断层、德国水道、新断层等。

IMPAC潜水中心是PADI五星级潜水教练专业协会教练发展课程中心，经验丰富的潜水导游和教练每天都会带领游客出海。提供的服务有潜水设备出售及修理、潜水证的教学和考试、摄影等。

Fish'n Fins潜水中心是位于科罗尔岛的日本潜水中心，提供英语和日语服务。潜水中心以浮潜最为著名，除了浮潜外，还包括巴伯尔道布岛及科罗尔岛陆地游览等。

两家潜水中心的其他信息见表1-8。

表1-8 科罗尔岛潜水中心信息

潜水地	地址	电话	网址	邮箱
IMPAC潜水中心	IMPAC,Koror,Palau	(680)4883779	http://palau-impac.com	info@garden-palace-palau.com
Fish'n Fins潜水中心	Fish'n Fins,Koror,Palau	(680)4882637	http://www.fshnfns.com	info@fshnfns.com

2. 乘坐直升机

洛克群岛直升机公司的租借者可选择时长20分钟、40分钟或60分钟的游览。机型有贝尔206型和MD500，前者除飞行员外还可以搭载4名乘客，后者除飞行员外还可以搭载3名乘客。

价格：每人145美元起
电话：（680）4886670
邮箱：rockislandhelicopters@yahoo.com

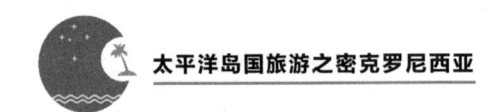

帕劳直升机公司的租借者可选择时长 30 分钟、45 分钟或 60 分钟的游览。机型为罗宾逊 R66 型，可搭载 4 人，租借者也可选择乘坐无门的直升机游览。

价格：每人295美元起
电话：（680）4882637
网址：http://palauhelicopters.com

3. 皮划艇

皮划艇是科罗尔岛比较受游客欢迎的运动之一，主要的项目有 Ocean Kayak、IMPAC Kayak&Rock Island Tour 和 RITC 公司之旅，具体信息见表 1-9。

表 1-9　科罗尔岛皮划艇项目

项目名称	联系方式
Ocean Kayak	电话：(680)4882600 网址：http://www.splash-palau.com 邮箱：info@www.splash-palau.com
IMPAC Kayak&Rock Island Tour	电话：(680)4880606 网址：http://www.palau-impac.com
RITC 公司之旅	电话：(680)4881755 网址：http://www.necomarine.com

4. 体验海钓

海钓也是科罗尔岛的特色旅游项目之一，可以体验海钓的主要地点如下。

Swings Palau Tours
电话：（680）7794099
网址：http://www.swingspalautours.com
Kramer's Cafe
电话：（680）4888448

5. 按摩

皇朝美容美体中心是一家华人按摩中心，提供的服务包括保健按摩、全身按摩、经络穴道按摩、刮痧拔罐、面部拨筋、晒后修复、足部按摩、香薰耳烛、芳香理疗，可以选择免费上门服务或者电话预约。

价格：25美元起
地址：WCTC购物中心后面、太阳花店对面
电话：（680）4885380

（四）住宿

1. 帛琉大饭店

帛琉大饭店（Palasia Hotel Belau）位于科罗尔岛中央，是一座地上7层、地下2层的现代建筑，在帕劳朴素的城区街景中非常醒目，是科罗尔市的标志性建筑。饭店于1998年开业运营，距离帕劳最大的购物中心WCTC很近，步行即可到达，乘车到出海码头不超过10分钟。饭店内的员工来自世界各地，能用多种语言与客人沟通。酒店内有165间客房，其中连通房60间，残障人士客房3间。酒店设施齐全，拥有餐厅、会议室等基础设施，以及酒吧、游泳池、美容室、桑拿房、蒸汽房、按摩浴缸等休闲设施。

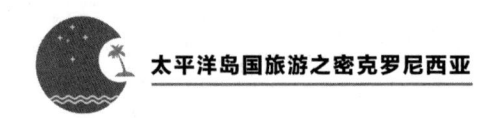

电话：（680）4888888
网址：http://www.palasia-hotel.com
邮箱：reservations@palasia-hotel
注意事项：酒店的房间内禁烟，但阳台备有烟灰缸，酒店大厅也有吸烟的场所；自来水不可以饮用

2. 月半湾酒店

月半湾酒店（Landmark Marina）位于科罗尔岛西侧T码头附近，三面环海，于2007年5月27日正式开业。客人既可以体验与大海融为一体的感觉，也可以俯瞰大海的美景。酒店风格简约，材质的特色与质感营造出一种轻松明快的氛围。酒店内的坞边餐厅是一家五星级美食餐厅，拥有180度的观赏视野，是享受美食与观景的绝佳地。酒店内的精品店出售贝壳类饰品、各式旅游必需品，提供帕劳景点的明信片邮寄服务。此外，酒店还拥有自己的码头，提供私人游艇租赁服务。

电话：（680）4881069
网址：http://www.landmarkmarina.com
邮箱：palau96940boutique@gmail.com
注意事项：自来水不可以饮用

3. 西广场系列酒店

西广场临海酒店（West Plaza Hotel by the Sea）是一家位于科罗尔岛T码头附近的安静祥和的酒店，距离科罗尔市中心5分钟车程，距离得世可景饭店（West Plaza Hotel Desekel）6分钟步行路程，距离艾拉机场（Airai Airport）20分钟车程。酒店拥有36间客房和内部餐厅，并提供丰田车租车服务。

电话：（680）4882133
网址：http://www.bythesea.wphpalau.com
邮箱：west.plaza@wctc-palau.com

得世可景饭店位于WCTC购物中心附近，距离机场35分钟车程，周围有很多广场。酒店内部设有超市，拥有30间客房。酒店的2层和3层都有休息场所，并且可以观赏夜景。

电话：（680）4886043
网址：http://www.desekel.wphpalau.com
邮箱：west.plaza@wctc-palau.com

市中心西广场酒店（West Plaza Downtown）位于科罗尔市中心，距离当地的餐馆、酒吧和咖啡馆仅500米，距离本杰明·富兰克林百货公司仅两分钟的步行路程，距离国家体育场（National Stadium）和海洋世界潜水中心（Seaworld Dive Centre）仅有不到3分钟的车程。酒店的客房提供有线电视和独立浴室，酒店的旅游咨询台可以为客人安排轻便潜水、钓鱼和丛林之旅。

电话：（680）4885332
网址：http://www.downtown.wphpalau.com
邮箱：west.plaza@wctc-palau.com

西广场珊瑚礁酒店（West Plaza Coral Reef）位于科罗尔岛T码头附近，是一座既安静又清洁的酒店。酒店配备有休息室和搬运物品的电梯，拥有14间客房。

电话：（680）4885521
地址：P.O. Box 280, koror, koror Island 96940–0280, Palau
网址：http://www.otel.com/west–plaza–coral–reef–koror–palau–14c165/

4. 帕劳假日酒店

帕劳假日酒店（Palau Vacation Hotel）位于科罗尔岛主街旁，于2014年开业，以回归自然、环保、生态为主题，享有"人间天堂"之称。帕劳假日酒店拥有140间客房，提供露台、水疗中心、餐厅和酒吧等设施。部分客房可以观赏到大海或山脉，并设有休息区。

电话：（680）4888840
网址：http://www.palaupvh.com
邮箱：pvh_bj@palaupvh.com
注意事项：提供免费Wifi，提供免费私人停车场，每间客房最多允许加一张床，不允许携带宠物，自来水不可以饮用

5. 帕劳天堂酒店

帕劳天堂酒店（Palau Paradise Hotel）位于科罗尔岛主街旁、WCTC购物中心对面，距离爱普森博物馆约20分钟的步行路程，距离帕劳国际机场15分钟车程。酒店共有18间客房，拥有日本料理餐厅、酒吧、露台、按摩室等设施。

电话：（680）4888004
网址：http://www.paradisepalau.com/gnuboard4/
邮箱：paradisepalau@gmail.com
注意事项：提供收费的Wifi，提供免费的私人停车场，客房内不能加婴儿床，不允许携带宠物入住，自来水不可以饮用

6. 花园皇宫酒店

花园皇宫酒店（Garden Palace Downtown）位于科罗尔岛主街旁，致力于与生活与自然和谐共处，周围是美丽的大海和花园。酒店拥有12间客房，提供免费的机场接送服务和欧陆早餐，设施有屋顶露台、传真机、旅游服务台、吸烟区等。

电话：（680）488 8870
网址：http://www.garden-palace-palau.com
邮箱：info@garden-palace-palau.com
注意事项：提供免费Wifi，提供免费的私人停车设施，每间客房最多允许加一张床，不允许携带宠物入住，自来水不可以饮用

7. D.W汽车旅馆

D.W汽车旅馆（D.W Motel）地理位置优越，位于科罗尔岛的主街道（Main St., Koror, Koror Island 96940-0738, Palau），距离海洋世界潜水中心有8分钟步行路程，距离Palau Terminal Port码头有3分钟车程。D.W汽车旅馆对于喜爱水肺潜水和浮潜活动的客人来说是一个很好的选择。客人可以在旅游咨询台预订观光、海岛旅游和钓鱼之旅，亦可以在旅馆内安排自行车和汽车租赁服务。

> 电话：（680）4881069
> 网址：http://www.landmarkmarina.com
> 邮箱：palau96940boutique@gmail.com
> 注意事项：汽车旅馆提供收费的 Wifi，提供免费的停车场，不允许携带宠物入住，自来水不可以饮用

8. 民宿

除了传统的酒店外，科罗尔岛上还有 2 家爱彼迎民宿（Airbnb Homestay），分别位于科罗尔岛东南和西南。如果游客想要深度了解当地文化，民宿未尝不是一种美妙的选择。

（五）餐饮

科罗尔岛主干道旁是餐厅聚集的地方，酒店和度假村内也有餐厅，有一些酒吧也提供简餐。而且，科罗尔岛的餐厅汇集了东南亚、日本、韩国等多地的风味，中餐厅也越来越多。科罗尔岛餐厅的其他信息见表 1-10。

表 1-10 科罗尔岛上的餐厅

餐厅名称	风格	地址/电话	营业时间	特色
Desomel Restaurant	风格多样	帛琉大饭店/（680）4888888	7:00~22:00	客人在进餐的同时可以眺望洛克群岛。餐厅进餐美食有印度尼西亚风味的杂拌什锦菜、希腊风味的水果沙拉、德国的芥末炸鸡肉、泰国的橙汁与烧烤等

续表

餐厅名称	风格	地址/电话	营业时间	特色
Dockside Restaurant	海鲜及多国餐饮	月半湾酒店内/(680)4881069	7:00~9:00、11:00~14:00、18:00~22:00（酒吧10:00~23:00）	餐厅位于酒店的平台屋顶上，美食有嫩煎肉、烤鸡、烤橙汁等。客人可以边眺望大海边享受美食
Mogmog Seafood Restaurant	帕劳海鲜料理	高中学校斜对面/(680)4884454	17:30~23:00	餐厅用当日捕捉的海鲜，如泥蟹、贝类，以及海葡萄等食材制作料理
Nicolo's Italian Food	意大利餐饮	科罗尔岛东部/(680)4886035	9:00~22:00；周日，11:00~21:00	主要的美食有意大利面、半圆形烤奶酪、比萨饼等
Pinoy Restaurant	菲律宾料理	(680)4888651	9:30~18:00	餐厅内主要的美食有午饭拼盘、炖煮内脏、牛奶鱼等
Jiuzhou Restaurant	中国菜	(680)4888164	17:30~22:30	餐厅内主要的美食有四川风味的火锅、海鲜酱、麻婆酱、水饺、煎饺等
Fresh Noodle	中国面食	位于Asahi Field附近/(680)4881382	11:00~14:00，17:00至次日2:00	店中的特色面食为兰州拉面，其他主要的美食有口味清爽的鸡蛋挂面、口味偏辣的担担面、水饺等
Suriyothai Restaurant	泰国料理	电话局附近/(680)4888160	11:00~14:00，17:00~22:00（周日仅提供晚餐）	这是以泰国古代女王的名字命名的帕劳唯一一家泰国料理餐厅，主要的美食有鱼、面食、泰式炒河粉、汤料酱等

37

续表

餐厅名称	风格	地址/电话	营业时间	特色
The Tai	印度料理	美登寿司店二楼/(680)488227	11:00~14:00, 17:00~22:30	餐厅内主要的美食有馕、咖喱角、酥炸鸡肉脆饼、什锦锦鲤、印度风味奶茶等
Island Yakiniku	韩国烤肉	爱普森博物馆对面/(680)4884699	11:00~14:00, 16:30~22:00(周日包括午餐)	餐厅内主要的美食有什锦煎饼、牛里脊、韩式豆腐锅、冷面等
Sushi Bar Mito	日本料理	银行附近/(680)4881950	11:00~13:00, 17:30~23:30(周六包括午餐)	餐厅内主要的美食有江户川寿司、帕劳紫菜卷、浇汁梭子鱼、寿司拼盘、龙虾等
Chian Chian Snack Bar	快餐	邮局旁边/(680)4883366	8:00~15:00	小吃店的建筑风格模仿了男人会馆的外观,出售的快餐有汉堡包等,甜点有冰激凌等

(六) 购物

科罗尔岛也是一个购物天堂,有许多购物店,见表1-11。

表1-11 科罗尔岛上的购物店

商店名称	类型	地址/电话	营业时间	特色
DFS Salleria	免税店、礼品店	帛琉大饭店内/(680)4888888	8:30~22:00	这里的商品主要有欧洲名牌香水(如 BVLGARI、GUCCI、DIOR 等)、轻便提包(LeSportsac 等)、高级手表和珠宝、洋酒、香烟、休闲服装、巧克力、儿童服饰、沙滩用品、木雕故事板、维生素、杂货、帕劳当地名牌等

续表

商店名称	类型	电话/地址	营业时间	特色
WCTC Shopping Center	购物中心	商业区/（680）4881484	场地不同，略有区别	这里是帕劳最大的购物中心，一楼除售卖食品之外，还售卖酒类、香烟、日用品等；二楼主要销售服装、电器产品、钓鱼用具和礼品等；三楼是卖运动鞋的专柜The Athlete's Food 和便利店 Pickn Save
Surangel's	百货商店	WCTC 购物中心的斜对面/（680）4882608	7：00~21：00；周五, 7：00~17：00	商品种类齐全的百货商店，一层主要是食品、电子产品、日用百货、文具、药品等；二楼是家具、服装、玩具、钓鱼用具等
Over Dive	潜水用品、礼品店	在 Asahi Field 附近/（680）4886591	13：00~21：00	主要的商品有潜水用具、防晒衣、泳装、以大海为主题的小商品和帕劳特色礼品
Rur Eungel Ledel	礼品店	邮局对面/（680）4888852	10：00~22：00	主要的商品有帕劳独特款式的 T 恤衫、手工制作的装饰品、富含天然成分的肥皂等
Museum Gift Shop	礼品、杂货店	帕劳国家博物馆内/（680）4882265	8：00~16：30；周六、周日, 10：00~16：00	主要的商品有与帕劳历史相关的书籍和资料、手工艺品、装饰品、风格独特的 T 恤衫、木雕故事板等

二　巴伯尔道布岛

（一）速写

巴伯尔道布岛位于帕劳东部，与科罗尔岛有大桥相连，处于帕劳重要的交通位置上，拥有帕劳唯一的国际机场，而且帕劳的新首都恩吉鲁模德位于该岛中东部。巴伯尔道布岛为南北长43公里、东西最大宽度为16公里的狭长岛屿，面积332平方公里，占帕劳总面积的70%，是帕劳面积最大的岛屿，也是加罗林群岛的第二大岛，拥有较长的陆地边界线和海岸边界线。巴伯尔道布岛属于热带雨林气候，每年5~10月是雨季，11月到次年4月是旱季。巴伯尔道布岛上有成片的热带雨林和红树林，森林覆盖率居世界前列。

巴伯尔道布岛共有10个州，分别是艾伊拉州、恩切萨尔州、梅莱凯奥克州、雅德马乌州、埃雷姆伦维州、雅拉尔德州、雅切隆州、宜瓦尔州、雅庞州和艾梅利克州。

几千年来，巴伯尔道布岛一直处于母系社会，土地、货币和头衔都由母系传承，氏族所有地由女性族长掌管并传给第一个女儿。日本殖民统治时期，父系传承制度传入岛上，一直延续到今天。每年3月岛上会举行国际摄影节，当地和国际知名的摄影师都会前来参加，在此期间会有文艺表演、作品展示和颁奖仪式。

德国占领期间，巴伯尔道布岛经济以单一的农业和种植业为主，开辟了可可种植园；日本统治时期，占领当局大力发展渔业、热带农业和采矿业；二战过后，在美国的托管下建立了一些小型工厂；独立后，帕劳开始调整产业结构，大力发展以旅游业为主的服务业。岛上土壤肥沃、水分充足，适宜农作物生长，但由于岛民的种植技术落后，岛上农业发展缓慢，直到近代欧洲人把先进的种植技术和工具带到岛上，岛上的农业才逐渐发展起来。如今，巴伯尔道布岛经济的重要支柱产业是旅游业，主要贸易伙伴是日本和美国，通用货币是美元。

(二) 景点

巴伯尔道布岛主要景点分布见图1-3。

图1-3 巴伯尔道布岛主要景点分布

1. 雅德马乌瀑布

雅德马乌瀑布（Ngardmau Waterfalls，又译作"安德茂瀑布"）位于巴伯尔道布岛的雅德马乌州，是帕劳海拔最高、规模最大的瀑布，当地的导游习惯称它为"大瀑布"。关于雅德马乌瀑布，当地流传着一个传说。很多年前，雅德马乌的鳗鱼走出森林，在悬崖上休息。这条鳗鱼身体巨大，只有一只眼睛，身怀魔法，当地的人都将其当作神来看待。有一天鳗鱼的这只眼睛闭上了，它睡得如此深沉，当地人没人敢去惊扰它，没想到它竟再也没有醒来。随着时间的流逝，鳗鱼的身体变成一条河，头部变成雅德马乌瀑布。

安德茂瀑布又称天使瀑布，高达15米，隐身在茂密的雨林之中，游客需要先行车约一小时，再步行一小时穿过静谧无人的丛林，越过清澈冷冽的溪流，才能看到气势磅礴的安德茂瀑布。水流从15米高的断崖倾泻而下，气势慑人，当水快要落到地面时，又汇成涓涓细流，如同垂挂的珠帘，柔美地摇曳着。

雅德马乌瀑布的小路上生长着独特的植物，如棕榈树、柚木树和藤本植物等，游客可以在小径两旁发现小型食肉植物，也可以看到日本殖民时代的历史遗迹。在雅德马乌瀑布，游客不仅可以观赏美景，也可以躺在水中享受清凉的溪水，甚至可以站到瀑布下尽情地"淋浴"。在这里，游客还可以买到苏打水、小吃以及手工制作的本地产品和纪念品。在回村庄的路上，游客可以来一次冒险，沿着河边，步行穿过丛林回到村中，体验别样的自然风光。

景点名称：雅德马乌瀑布
开放时间：9:00 ~17:00
地址：巴伯尔道布岛雅德马乌州的恩切尔奇斯山
网址：http://www.ngardmau.com
门票：每人＄5，免费停车
到达方式：参观雅德马乌瀑布需要先乘车至恩切尔奇斯山（从科罗尔大约需要30分钟车程），之后需要徒步约40分钟才能抵达

2. 恩加多克湖自然保护区

恩加多克湖位于巴伯尔道布岛上的梅莱凯奥克州，是密克罗尼西亚州最大的湖泊，面积达 100 平方米，水深约 17 米。这里是咸水鳄重要的生存地，也是帕劳许多稀有动植物的家园。

梅莱凯奥克州在 1997 年建立了恩加多克湖自然保护区，目的是保护恩加多克湖的水资源。保护区占地 6 平方公里，包括恩加多克湖、椰子林、沼泽地以及草坪，其中 80% 是茂密的森林；动植物物种十分丰富，更是著名的水果蝙蝠的栖息地。

电话：（680）4882728/（680）6542967

3. 石头阵

石头阵（Stone Monoliths）虽不如英国史前巨石阵神秘和震撼，但也算得上是巴伯尔道布岛的地标建筑。这里的石头阵具有一定的神秘色彩，没有人知道这是谁建的、何时建成的、为了什么而建造？在石头阵巨大的石碑中，立有雕刻着人面的独石柱。根据当地的传说，石头因为附着神仙和精灵的不同，所以形态不同，有些人像石头是由于犯了错误，神将他们变成石像。这里有各种奇形怪状的石头，如果动用丰富的想象力，这里的确拥有各种各样的奇妙故事。

4. 总统府

总统府（New Capital Building）位于山顶上，因其外形酷似美国的白宫，又被称作小白宫，是岛上最具异域色彩的建筑。总统府临海而建，周边绿化得很好，环境清幽、空气清新。帕劳的总统府不像其他国家的总统府那样戒备森严，连保安都比较难寻。

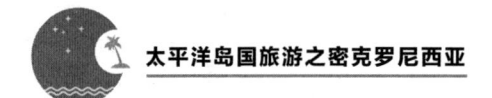

5. 查莫洛民族古村落

查莫洛民族古村落（Airai Bai）位于巴伯尔道布岛东南部，游客在这里可以看到查洛民族生活的房屋，土著居民将这些房屋称作"Bai"。这些房子通常建在石台上，完全依照古代建筑方式构架而成。在古村落随处可见绘有帕劳传说的彩绘。查莫洛民族古村落在1976年被列入美国国家史迹名录，那时候帕劳还处于美国的托管下。

6. 帕劳冒险公园

帕劳冒险公园位于巴伯尔道布岛，内部有帕劳历史遗址，旅行者可以乘坐小船在热带雨林中穿梭，也可以乘坐越野车在热带雨林中探险。公园内有丛林飞跃、丛林徒步、慢游等项目。旅行者可以在这里给未来的自己邮寄一封信或者明信片，试想在一年以后收到来自"遗世天堂"的问候，不知是何种心情。到达方式：从机场到达这里约5分钟，距Oikull Center 300米。酒店摆渡车时间：9：00、11：00、13：00、15：00。

开放时间：9：00~18：00
电话：（680）5878585
邮箱：ziplinepalau@gmail.com

（三）体验

1. 潜水

巴伯尔道布岛的著名潜水之地不多，其中最有名的是位于岛东部的沉入海中的村落。在帕劳，关于这个潜水点，流传着一个传说，据说宜瓦尔州的一个村落中有个老妇人，她吃不到鱼，村里的人对她持漠然的态度。有一天，老妇人院子中的面包树中有鱼飞出，老妇人终于可以吃到鱼，但是村里的人抑制不住嫉妒心理，心安理得地砍倒了面包树，树中的海水流出来，淹没了整个村落。

2. 乘直升机游览

微笑航空公司是位于巴伯尔道布岛帕劳国际机场的直升机公司，游客可以乘坐该公司的直升机欣赏洛克群岛南部的潟湖和七十群岛的景色。15 分钟行程可以观赏科罗尔州全境和牛奶湖的景色，价格为 120 美元；30 分钟行程可以俯瞰牛奶湖、水母湖、长滩、科罗尔岛以及七十群岛，价格为 180 美元；45 分钟行程除了可以观赏以上景色外，还可以看到蓝角，价格为 250 美元。乘坐直升机需要出示护照复印件。飞行高度在 300~500 米，10 岁以下儿童需要有监护人陪伴。

电话：（680）7785111/（680）5871474
邮箱：info@smile-air.com
网址：http://www.smile-air.com

3. 红树林河流漫游

巴伯尔道布岛上恩切萨尔州有一片红树林，游客乘船在丛林之间穿梭，可以饱览沿途郁郁葱葱的热带雨林风光。河中隐藏着巨大的咸水鳄，有时它们会靠近船只，甚至会跳起来吃导游准备的食饵。建议旅行者准备好相机，随时捕捉凶狠的咸水鳄的踪迹。科罗尔岛上的 Fish'n Fins 潜水中心提供游览红树林的项目，具体信息请查询官网（http://www.fishnfins.com）。

4. 水疗

帕劳最早引入温泉的酒店是位于巴伯尔道布岛的艾伊拉水上乐

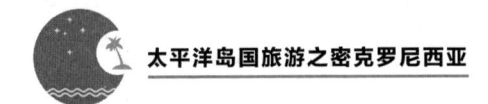

园酒店（Airai Water Paradise Hotel），酒店提供栀子花矿泉疗法和巴黎式护理，护理员都在巴黎接受过正规的培训，使用的薰衣草精油和洗涤品都由天然材料制作，直接从巴黎运来。酒店提供针对身体、面部、手部、足部等不同部位的共 10 种护理项目，最受欢迎的项目是帕劳传统的身体调理——淋巴排毒，可以达到消除疲劳、缓解肌肉疼痛、放松身体的效果。

营业时间：9：00~23：00
电话：（680）5873530

（四）住宿

1. 艾伊拉水上乐园酒店

艾伊拉水上乐园酒店占地 7 公顷，是一座由中国台湾人投资的酒店，距离科罗尔市中心 15 分钟车程，距离帕劳国家博物馆和帕劳水族馆 20 分钟车程。酒店拥有 75 间客房，其中 21 间为无烟客房，在部分客房可观赏到海景或山景。

地址：机场附近的艾伊拉村（P. O. Box 8067, Koror Island 96940 – 0871, Palau）
电话：（680）5873530
网址：http://www.airaiwaterparadise.com/
邮箱：services@airaalwaterparadise.com
注意事项：酒店提供免费 Wifi 和免费的停车设施，每间客房最多允许加一张床，不允许携带宠物入住，自来水不可以饮用。

2. M&A 滨江沙滩山林小屋

M&A 滨江沙滩山林小屋（M&A Riverside Beach Bungalows）位

于帕劳北部沙滩别墅北侧，距离机场有 2 小时车程。小屋设施以环保为主，如木质的平房、用棕榈木制作而成的灯笼。小屋内有餐厅、私人海滩和烧烤设施等，提供海洋沙滩服务和汽车出租服务。客人的一日三餐可以在餐厅吃，如果提前预约，还可以吃到查莫洛家常菜。

电话：（680）8241026
网址：http://www.marivsidebungalows.com/
邮箱：marivsidebungdebungalows@yahoo.com
注意事项：酒店提供收费的 Wifi，提供免费的私人停车设施，每间客房最多允许加一张床，不允许携带宠物入住，自来水不可以饮用

3. 日晖国际度假村

日晖国际度假村（Rihui International Resort）位于帕劳国际机场附近，是中国台湾人投资的一家酒店，距离机场大概 2 小时车程，占地 155 万平方米。酒店内设施齐全，有餐厅、酒吧、服务台和海岸沙滩等。酒店拥有 4 间客房，大部分客房配备有阳台、空调、吊灯、小型冰箱等。

电话：（680）5876868
网址：http://www.palau.papago-resort.com/
邮箱：services@palauseapassion.com
注意事项：自来水不可以饮用

4. 安吉莉小岛度假村

安吉莉小岛度假村（Ngellil Nature Island Resort）位于机场附近的艾伊拉村，距离科罗尔－巴伯尔道布大桥接待处 15 分钟的船

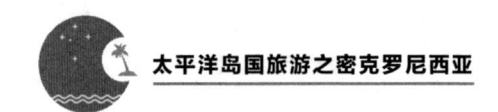

程，拥有餐厅、酒吧、服务台、海岸沙滩、温泉等设施。度假村拥有8间客房，大部分客房配备有吊灯、衣柜、保险箱、饮用水、桌子等。

电话：（680）5871059
网址：http://www.naturegrace.net/naturesisland.html
邮箱：naturesisland@palau.com
注意事项：自来水不可以饮用

三　洛克群岛

（一）速写

洛克群岛由一群岩石岛组成，包括445座无人岛，植被十分茂盛。从高空俯瞰，洛克群岛犹如散落在碧波之上的珍珠，岛屿和潟湖组成了一座巨大的迷宫。洛克群岛海域有丰富的海洋生物和世界著名的潜水点。游客前往洛克群岛需要乘船。洛克群岛上没有住宿的地方，大部分无人岛面积都不大。这里的景色都是帕劳的精华所在。

（二）景点

洛克群岛主要景点见图1-4。

1. 水母湖

水母湖（Jellyfish Lake）是帕劳最具特色的景点之一，拥有世界罕见的无毒水母。数万年前，水母湖曾是大海的一部分，由于地壳运动，周围的海床升高，逐渐将其与外海隔绝，形成一个与世隔绝的咸水湖。湖中大多数海洋生物都随着养分的消耗而消亡，只剩下一种低等的、依靠少量微生物就可以生存的海洋生物——水母。

图 1-4　洛克群岛主要景点分布

在没有天敌的进化过程中，它们渐渐失去了毒性及防御能力，成为世界上独一无二的无毒水母。无毒水母主要靠海藻分泌的营养素维生，它们会在接近中午的时候浮到水面进行光合作用。

　　水母湖是潜水的最佳地点，和无数色彩迷人的无毒水母共舞并拍照留念也是极好的体验。水母湖是一个小型的封闭湖泊，湖中的化学物质在这里无法分解和代谢。潜水者浮潜时，为了避免化学成分伤害到水母，应该少用或不用防晒霜。水母湖四面环山，阴天时湖中的水母数量会增多，水母离开水会很快死亡。潜水者可以选择阴天前去，可以轻轻触碰水母，不能用力拉扯或揉压，也不要将水母拿出水面。

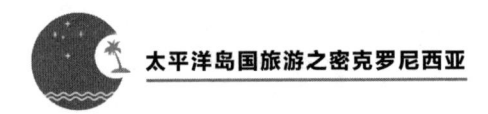

> 开放时间：全天
> 电话：（680）4882600
> 网址：http://www.splash-palau.com
> 门票：100美元/人（有效期为一周）；导游小费，10美元/人；船长小费，2美元/人（岛上统一规定）

2. 牛奶湖

牛奶湖（Milky Way）是帕劳富有特色的旅游胜地，由于特殊的地形，看起来像个湖，但其实只是众多小岛之间的狭小海域，三面环山，留下一个缺口和外海相连，不是淡水湖。牛奶湖的颜色非常特别，纯净而美丽。这里是古代火山活动频繁的区域，火山喷发后的火山灰常年沉积在湖底，形成厚厚一层乳白色的火山泥。帕劳的海水透明度极高，蓝绿色的海水中混杂火山泥的乳白色，湖底的火山泥很像沉淀后的牛奶，因此被称为牛奶湖。

虽然火山活动已经暂停，但是湖底有海底温泉渗出，使牛奶湖的湖水带有淡淡的硫黄味。火山泥含有很多种天然的矿物质成分，和海水中具有杀菌作用的微生物一起，有很好的美颜效果，是纯天然的绝佳护肤品。将牛奶湖的矿物泥敷于身上，享受一次纯天然的海底 SPA 也是一次极佳的体验。

> 开放时间：全天
> 电话：（680）4882600
> 网址：http://www.splash-palau.com
> 门票：免费

3. 长沙滩

长沙滩位于洛克群岛中的一座无人岛上，岛上只有两座凉亭及简易厕所。长沙滩长几百米，退潮时会裸露出来，大退潮时可以裸露出通往旁边岛屿的通道。潮水开始回涨时，长沙滩从最尾端开始，逐渐被海水淹没，不到十分钟光景，便消失不见。游客可以选择在大退潮时沿着长沙滩走到另一座小岛；也可以漫步长沙滩，体验走在海中的感觉，但一定要把握好时间，在涨潮之前前往，也可以在这里尽情享受戏水的乐趣。

偶尔还会有些贝壳、海星、海参被潮水冲到沙滩上来。最常见的是一种白沙钱币贝壳，外形不规则，表面有一个海星状的图案，漂亮又精致，但只能欣赏不能带回家。

```
开放时间：全天
电话：（680）4882600
网址：http://www.splash-palau.com
门票：免费
```

4. 帕劳南部潟湖石岛群

帕劳南部潟湖石岛群（Rock Islands Southern Lagoon）是密克罗尼西亚遗址，2012年入选《世界自然遗产名录》。它面积达1002平方公里，由445个无人居住的、由火山形成的石灰岩岛构成，许多岛屿呈独特的蘑菇状，岛屿周围环绕着松绿色的潟湖与珊瑚礁。

帕劳南部潟湖石岛群拥有385种以上珊瑚及各种生物的栖息地。复杂的珊瑚礁系统为这一遗产增添了更多的美学价值。这里的珊瑚礁系统还为多样性的植物、鸟类及其他海洋生物（如海牛以及至少13种鲨鱼）提供了栖息地。世界上没有其他地方像这里一样，密

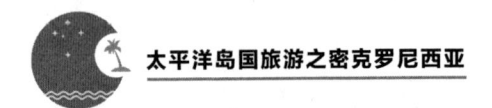

布着大量的海湖，它们是被陆地屏障与大洋隔开的海洋水体。这里生活着大量本地独有的物种，而且有更多的新物种等待进一步发现。

开放时间：全天

门票：免费

5. 零式战机

帕劳曾经是太平洋战争的战场，一些当年失事的战斗机和舰船深埋大海。游客在距离科罗尔岛不远处的零式战斗机失事地便能看到其中一架失事战机，退潮时分甚至可以看到飞机的螺旋桨。日军沉船遗迹是二战时期留下的残骸，现在已沉入海底，经年累月，珊瑚礁生长在船上，鱼儿聚生，这儿特别蓝的海水和已经锈成黄色的轮船形成了鲜明的对比，令人难以想象当年这儿到底发生了什么。这里有很多小鱼和各种长在船上的珊瑚礁，绕着船深潜一圈或许能有不一般的惊喜发现。

6. 七十群岛

七十群岛其实只包括约40座岛，经常出现在帕劳的宣传片中。众多的绿色岛点缀在蔚蓝的大海上，十分壮观。这里是玳瑁产卵的地方，旅行者无法乘船进入。唯一能观看其全景的方法就是乘坐直升机俯瞰。

7. 蓝色珊瑚礁

帕劳洛克群岛中有座梦幻岛（Fantasy Island），它距离零式战斗机约100米。这座小岛的海滩边缘，是一处风景极佳且面积相当广阔的浮潜地，这里的海水如水晶般透明清澈，水面下长满了各色各样茂密的珊瑚，由于可见到难得一见的蓝色鹿角珊瑚，因此被命名为"蓝色珊瑚礁"。这里的珊瑚仍然生长得非常自然完整,就像是海中的珊瑚花园,吸引了众多前来帕劳浮潜的爱好者。

8. 三椰岛

三椰岛(Three Coconut Island)又称情人岛,因风景绝美、岛上有三棵椰树而得名。岛上有一座著名的情人桥,被当地人称为情人桥或者情人岛。据当地人说,恋人在这座拱桥前合影可以甜甜蜜蜜白头偕老,而好朋友在这里合影则可以友谊长存。经过拱桥的时候,船长会特意减慢船速,让游客在这一大自然的杰作前合影纪念。

9. 玛琳湖

为众多的岛屿所包围的淡水湖在帕劳被称为玛琳湖(Marine Lake),玛琳湖拥有独特的生态系统,是珍贵的水中生物宝库。玛琳湖距离科罗尔有10分钟船程,水路入口的河壁上生长着繁茂的粉色的扇珊瑚(Melithaeidae),湖内有许多鱼类、珊瑚等,人们在潜水的时候可以观察和摄影。

10. 欧基山岛

欧基山岛(Oji-Sang Island)是距离德国水道最近的岛屿,至今还有人称其为"杰克逊岛"(杰克逊曾为该岛的所有者)。岛名源自其外在形象,形似一个拥有啤酒肚并仰面朝天横卧的人。岛上沙滩分别延伸到较为狭窄的两个地方。游客也可以前往附近同样是人少景美的欧麦加岛(Omekang Island)。

11. 乌龙岛

西方社会所认知的帕劳是从乌龙岛(Ulong Island)开始的。1783年7月9日,在从澳门回国的英国东印度公司(British East India Company)的"羚羊"号帆船因被海浪席卷漂流到乌龙岛北部的珊瑚礁,帆船触礁搁浅,整个船体受损,亨利·威尔逊船长和船员们由此到达了乌龙岛。几天之后,科罗尔岛的住民乘坐独木舟来到这里，这是帕劳初次和西方社会接触。同年11月，威尔森船长乘坐他们和岛民一起建造的船离开帕劳，自此以后，帕劳开始接触西方世界。现在的乌龙岛西侧有宽广美丽的沙滩，除了作为潜水运动员午休之所外，也有游客在此露营，享受度假时光。游客从科罗尔乘船大约30分钟可以到乌龙岛。沙滩的后面有避雨的小房间，也有生火的地方，沙滩的一端还有排球场地。断崖的岩石表面和洞窟之中残留有古代帕劳人刻绘的壁画，攀登绳梯可以近距离观看周围飞翔的蝙蝠等。

(三) 体验

1. 鲨鱼城

鲨鱼城位于纳美尔斯岛的一处海底沙丘，平时无人喂食鱼群时不会出现。但如果有导游潜入水中喂食时，鲨鱼群便会出现在沙丘附近抢食，水面上浮潜的游客会有非常刺激及惊险的体验。

2. 美人鱼水道

美人鱼水道（Dugong Channel）位于科罗尔岛南端的马拉加湾内，水道内栖息着一种稀有的保护动物儒艮，也被称为美人鱼，是海牛的近亲。儒艮是一种大型的水栖食草类动物，每天食用大量的水草，又被称为"海洋清道夫"，一头成年儒艮身长可达3米。

在这里浮潜，游客只需放松身体，随着洋流一起漂流，静静地欣赏从眼前掠过的海底美景。游客在这里可以欣赏到缤纷多彩的珊瑚，如鹿角珊瑚、轴孔珊瑚、平孔珊瑚甚至桌面珊瑚等。各种美丽的热带鱼穿梭其中，甚至可以看到熟悉的形似"尼莫"（Nemo）[①]的小丑鱼（Anemonefish）。此外，这里还生活着一些特殊的生物，

[①] 2003年卡通电影《海底总动员》的主人公。

如圆滚滚的馒头海星、形似塑料玩具的蓝指海星，还有和手臂一样长的巨大海参。在美人鱼水道，向导会给队员分发一片面包，游客根据要求将面包片捏成圆球状，喂食鱼儿。

3. 硬珊瑚区

硬珊瑚区（Stiff Coral Garden）位于帕劳洛克群岛中央海域，是一处清澈见底但又深不可测的浮潜地。硬珊瑚不像软珊瑚那样随着水流舞动，如同一丛丛的石林。游客在这里可以观赏到多种珊瑚，也可以喂食热带鱼，有时还能看见大型的拿破仑鱼。

4. 小断层

小断层（Short Drop-off）三面环山，也是一处二战遗址。海里有一艘日本军舰，二战期间这艘军舰被美军伏击，撞上暗礁，船长在船员顺利逃生之后与军舰一起葬身海底。在这里浮潜，游客可以看到这艘沉没的军舰已经成为珊瑚的居住地和海洋生物生存的乐园。

5. 干贝城

干贝城（Clam City）其实是一片住在海底的砗磲。大胆的旅行者可以随着导游一起潜入海底感受触摸贝唇的乐趣。最深处10米，很适合初学潜水者。

6. 软珊瑚区

软珊瑚区拥有扇珊瑚、海鸡头（Carnation Tree Coral）、软珊瑚（Alcyonacea）等众多色彩艳丽的珊瑚。洛克群岛的岛壁缝隙处布满了色彩多样、柔和的软珊瑚。

四　安格利奇比桑岛

（一）速写

安格利奇比桑岛，又称作阿拉卡贝桑岛，地处帕劳中西部，有大桥与科罗尔岛相连，交通位置非常重要。安格利奇比桑岛长3公里，宽1.6公里，面积2.28平方公里；地质稳定，以平原为主，平均海拔41米，最高点海拔110米，是一个地势低平的小岛。

安格利奇比桑岛属于热带雨林气候，温暖湿润，生物资源丰富，拥有成片的热带雨林。每年5~10月为雨季，11月到次年4月为旱季，全年平均气温28℃左右，而且一年中气温变化较小；平均年降雨量3600毫米左右，一年中各月降雨量变化不大。

安格利奇比桑岛上的居民大部分是帕劳人，另外还有部分菲律宾人，主要分布在岛的两侧，尤其是岛的东北部。安格利奇比桑岛居民的宗教信仰虔诚，其中大部分居民信仰基督教，一部分居民无宗教信仰，还有一小部分居民仍保留帕劳的原始宗教信仰。岛上有一座宗教建筑，名为圣约瑟夫教堂。安格利奇比桑岛的官方语言为帕劳语和英语。但岛上有一个名为"Echang"的小村落，村民使用本地的乡土语言，被科罗尔人称为"地道的乡土口音"。1994年10月1日帕劳独立，此后安格利奇比桑岛把每年的10月1日作为节日来庆祝，其他重要节日有青年节（3月15日）、总统节（6月1日）、感恩节（12月23日）等。安格利奇比桑岛有小学和初中等，基本可以满足本岛学生的教育需求。

在殖民统治时期，安格利奇比桑岛经济发展畸形，经济结构单一，以种植业、渔业为主。1994年帕劳独立后，安格利奇比桑岛开始调整产业结构，大力发展以旅游业为主的第三产业。安格利奇比桑岛地势平坦，气温、水分条件适宜，但岛上的土著居民并不习于农耕，传统农业发展较慢。主要农作物有椰子、块根作物和香蕉等。安格利奇比桑岛气候温暖湿润，环境迷人，交通便利，是帕劳的旅游胜地。目前，旅游业是安格利奇比桑岛的支柱产业，每年来到岛上的国外游客远远多于本地居民。历史上，帕劳的"女人钱"、德国马克、日元都曾作为通用货币在安格利奇比桑岛流通，目前岛上的通用货币是美元。

（二）体验

安格利奇比桑岛是水疗的好去处，主要的水疗地点有帕劳太平洋度假村。

（三）住宿

安格利奇比桑岛主要酒店见图1-5。

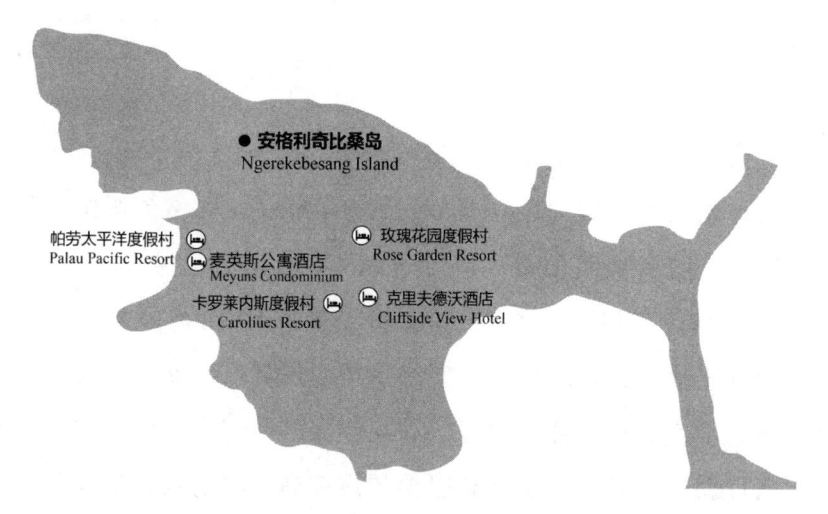

图1-5 安格利奇比桑岛主要酒店分布

1. 帕劳太平洋度假村

帕劳太平洋度假村位于安格利奇比桑岛西端，曾荣膺"2012年帕劳共和国顶级酒店"，并且连续11年获得"最佳潜水胜地"的称号，是帕劳最奢华的酒店之一。在这里，游客可以看到色彩多变的海水，欣赏到日落美景，白沙滩也是举行婚礼的好地方。

度假村内有餐厅、酒吧、礼品店、SPA中心、潜水中心、私人海滩区、室外淡水泳池、室外大型热水浴池、健身中心、网球场2个和24小时前台等，提供儿童看护服务和汽车租赁服务等。度假村内还

建有一个兰花园，园内栽培的兰花多达9000盆，种类多达50种。

电话：（680）4882600
网址：http://www.palauppr.com/en
邮箱：guest@ppr-palau.com
注意事项：自来水可以饮用，客房内提供免费Wifi，每间客房最多允许加一张床，提供私人免费停车场；不允许带宠物入住；超过10000美元的预订使用信用卡付费时需要支付4%的手续费

2. 玫瑰花园度假村

玫瑰花园度假村（Rose Garden Resort）位于安格利奇比桑岛中央山腰处，距离科罗尔市中心5分钟车程，距离帕劳国际机场约20分钟车程。度假村共有20间客房，其中17间是双人间。因为度假村处于平缓的丘陵地带，所以每个客房都可以欣赏到大海或岛屿的美景。度假村内部有餐厅、酒吧、旅游咨询台和休息室等，游客在餐厅就可以将科罗尔岛到巴伯尔道布岛之间的景色尽收眼底。

电话：（680）4887671
邮箱：rosegardenresort@execs.com
注意事项：度假村内提供免费Wifi，自来水不可以饮用

3. 卡罗莱内斯度假村

卡罗莱内斯度假村（Caroliues Resort）位于安格利奇比桑岛中央山腰处，内部采用的是木纹装潢，营造出一种温馨的氛围，有礼品店和咖啡厅。酒店拥有8间客房，提供机场接送服务。度假村距离帕劳太平洋度假村较近，可以使用帕劳太平洋度假村的各种设施。

```
电话：（680）4883754
网址：http://www.carolinesresort.com
邮箱：carolines@palaunet.com
注意事项：浴室没有浴缸，自来水不可以饮用
```

4. 克里夫德沃酒店

克里夫德沃酒店（Cliffside View Hotel）位于安格利奇比桑岛的一处高地，距离帕劳国际机场10公里。酒店共有27间客房，建有室外游泳池、烧烤设施、餐厅和私人停车场等，游客在客房和餐厅都可以透过玻璃欣赏壮丽的日出以及安格利奇比桑岛与科罗尔岛之间辽阔的蓝色海湾的美景。酒店设有24小时前台，提供汽车租赁服务。

```
电话：（680）4884950
网址：http://www.cliffsidehotelpalau.com
邮箱：cliffside@palau.com
注意事项：允许客人携带宠物入住，提供免费Wifi，自来水不可以饮用
```

5. 麦英斯公寓酒店

麦英斯公寓酒店（Meyuns Condominium）坐落于安格利奇比桑岛中央的高台上，于2009年开业，是帕劳第一家公寓酒店。麦英斯公寓酒店由欢乐帕劳海岛游旅行社经营，因此一切活动或者岛内观光都可以交给酒店安排。酒店每个单元有3间卧室，可供6人住宿。酒店拥有便利的系统化厨房和宽敞的客厅，配有餐厅和投币式洗衣房。

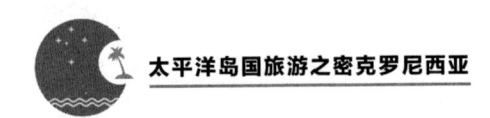

电话：（680）4888988
邮箱：palau@pleasureisland.me
注意事项：自来水不可以饮用

（四）餐饮

安格利奇比桑岛的餐饮业具有一定规模，主要的餐厅有以下几家，具体信息见表1-13。

表1-13　安格利奇比桑岛上的主要餐厅

餐厅名称	风格	地址/电话	营业时间	特色
Coconut Terrace Restaurant	大众餐饮	帕劳太平洋度假村内/(680)4882600	6:30~22:30	靠近沙滩和大海，周五至周日可欣赏舞蹈表演，提供不同国家的料理，如中餐、意大利菜等
King and Queen Dinner	大众餐饮	帕劳太平洋度假村内/(680)4882600	日落时	位于海边的情侣座，眺望日落，可聆听海潮的声音，享受浪漫的双人餐，一天提供两组，需要提前预约
Meduu Ribtal Seafood Restaurant	大众餐饮	帕劳太平洋度假村内/(680)4882600	18:00~21:30	餐厅内装饰华丽，屋内烛光摇曳，屋外晚霞绚丽，适合与重要的人共进晚餐，建议着正装前往
Merekos Ice Hut	冰激凌冷饮店	帕劳太平洋度假村内/(680)4882600	10:30~18:00	以分量大和口味清爽著名，可以按照自己的口味搭配制作

续表

餐厅名称	风格	地址/电话	营业时间	特色
Elilai Restaurant	多国餐饮	位于安格利奇比桑岛的高岗上/(680)4888866	11:00~14:00, 17:30~22:00（最后点菜时间）	食材选用近海捕捉的新鲜鱼类和有机蔬菜，主要的美食有寄居蟹、泰国餐饮、西式牛排烤肉、熏鸡、冷盘等

（五）购物

安格利奇比桑岛富有特色的商店主要位于帕劳太平洋度假村内，这些商店主要包括DFS Palau、Logo Boutique和Splash Pro-shop（见表1-14）。DFS Palau的规模虽赶不上位于科罗尔市中心的DFS环球免税店，但是种类也比较齐全，有洋酒、香烟、香水、皮包、手表、装饰品、休闲服饰、药品等，是一家售卖日用品的免税店。Logo Boutique主要以销售当地特产为主，有酒店标志的T恤衫和无檐帽，这些都是可以作为纪念品的原创物品，还包括儿童泳装、防晒物品、软饮料等。Splash Pro-shop主打潜水服饰与休闲服饰，潜水服饰主要包括口罩、脚蹼、潜水服、水下呼吸管等；休闲服饰品牌主要有蝠鲼和翠鸟。此外，还有一些供儿童使用的物品。

表1-14 安格利奇比桑岛上的主要商店

商店名称	风格	地址/电话	营业时间	特色
DFS Palau	免税店、礼品店	帕劳太平洋度假村内/(680)4882600	8:00~22:30	种类齐全的免税店，主要的商品有洋酒、香烟、香水、皮包、手表、装饰品、休闲服饰、药品等

续表

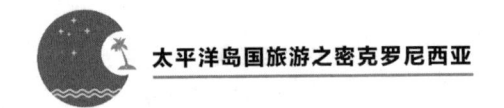

商店名称	风格	地址/电话	营业时间	特色
Logo Boutique	礼品和必需品专卖店	帕劳太平洋度假村内/(680)4882600	7:30～22:30	商品主要以当地特产为主,有体现帕劳特色的T恤衫和无檐帽、儿童泳装、防晒物品、软饮料等
Splash Pro-shop	潜水用品和便装专卖店	帕劳太平洋度假村内/(680)4882600	8:00～19:00	潜水服饰主要包括口罩、脚蹼、潜水服等;休闲服饰品牌主要有蝠鲼和翠鸟,此外还有供儿童使用的物品

五 佩莱利乌岛

(一) 速写

佩莱利乌岛又称贝里琉岛,由佩莱利乌岛及其东北方的两个小岛组成。根据当地传说,贪吃爱睡的尤伯被村民用火刑处决后,身体碎裂,形成了今天的帕劳群岛,他的双脚变成佩莱利乌岛和昂奥尔岛。佩莱利乌岛位于帕劳西南方、安加尔州东北方和科罗尔州西南方,距离科罗尔40公里,距离昂奥尔岛10公里。岛上人口约700人,大部分为帕劳土著居民,有小部分是菲律宾人。佩莱利乌岛地势中间高、四周低,沿海是平原,最高点海拔75米,是一个地势较为低平的岛屿。佩莱利乌岛大部分被亚热带树林覆盖,有几处适合浮潜和太阳浴的沙滩,是一个充满自然风情的海岛。

佩莱利乌战役是二战中的著名战役,无论是战争规模还是惨烈程度,都可与塔拉瓦战役、硫磺岛战役和冲绳岛战役相提并论。1944年美军攻占马里亚纳群岛、突破日军"绝对防御圈"后，帕劳群岛成为日军阻止美军进攻菲律宾和日本本土的前哨基地。守岛日军共约3.5万人，有飞机170余架，由井上贞卫统一指挥，主力部署在巴伯尔道布岛和科罗尔岛，佩莱利乌岛守军约有1万人。日军在便于登陆的地段设置障碍物并布置部分兵力，企图以火力迟滞美军登陆；在纵深山地重点设防，并利用岩洞构筑纵横交错的坑道和地下工事，企图长期坚守。美军则企图在海空火力支援下突击登陆，首先夺占佩莱利乌岛和昂奥尔岛，利用岛上机场控制通往菲律宾的航道并对其余各岛进行封锁。

美国海军陆战队第1师师长鲁伯特斯战前发出豪言，攻克佩莱利乌岛易如反掌，"只需要3天，可能是2天"。但是，日军利用他们精心构筑的防御工事，将美军拖入一场前所未有的消耗战中，利用伪装巧妙、战藏两宜的岩洞顽强阻击美军，战斗的血腥和残酷让海军陆战队第1师伤亡惨重，元气大伤。美军使用火箭筒、炸药包和喷火器清剿藏于洞中的日军，以伤亡9800人的代价占领该岛。此役，美军伤亡1.1万余人，毙敌1.1万余人。但是，值得注意的是，当地的平民没有伤亡，因为他们在战斗前就撤到帕劳的其他岛屿。1947年，佩莱利乌岛成为美国托管岛屿。1994年帕劳独立后，佩莱利乌岛成为其管辖的岛屿之一。

佩莱利乌岛的居民大都信仰基督教，一部分居民无宗教信仰，一小部分居民信仰帕劳的本土宗教摩德肯基教。佩莱利乌岛的官方语言为帕劳语和英语。佩莱利乌岛上的全部战争遗迹已被指定为美国国家历史地标。2014年8月，第45届太平洋岛国论坛在佩莱利乌岛举行。

佩莱利乌岛的主要农作物有热带水果和块根作物。佩莱利乌岛气候宜人，环境优美，是帕劳的旅游胜地。旅游业是佩莱利乌岛的支柱产业，每年来此的国外游客远多于本地居民。

（二）景点

佩莱利乌岛的主要景点见图 1-6。

图 1-6 佩莱利乌岛主要景点分布

1. 蜜月海滩

蜜月海滩（Honeymoon Beach）是一处位于佩莱利乌岛东边的广阔海滩。海滩周围生长着茂密的椰子树，也有小房屋和卫生间等设施，当地人经常在这里进行烧烤等活动。2002 年，海滩由于受海浪冲刷变狭窄，但还是具有观赏价值，海滩郊游最受游客青睐。

2. 游泳洞

游泳洞（Swimming Hole）位于海岛东侧广阔海滩公园的原始森林之中，是天然洞穴，距离地面约3米的圆形洞中有水涌出，形状很像水井。孩子们经常在这里游泳，天气炎热时，也会有人来这里避暑纳凉。游泳洞附近有间小房子，人们郊游时可以在此休息。

3. 橘色海滩

橘色海滩（Orange Beach）安静清幽，位于岛西南部，是佩莱利乌岛最长的白沙滩。海滩的水不是很深，相比于游泳，这里更适合日光浴。

4. 血鼻岭纪念碑

血鼻岭纪念碑（Bloody Nose Ridge Monument）是美军建造的纪念佩莱利乌战役的纪念碑，外观上像是展望台。游客在这里既可以眺望到佩莱利乌岛的热带丛林和白色海滩，也可以眺望到昂奥尔岛和蓝角，天气晴朗的时候，可以一览佩莱利乌岛美景。

（三）体验

1. 海底大断层

海底大断层位于佩莱利乌岛北部外海海域，被全球潜水界人士誉为世界七大潜水地之首。在这里，游客除了可以看到断层区，还可以看到大型的洄游鱼群，如拿破仑鱼、扳机豚、黄金蝴蝶鱼等。另外，在此区域浮潜的方式也非常另类，因水流比较强劲，游客需用放流的模式，体验被洋流带着走的感觉，非常省力，不过也常常会因流速太快而错过一些景点。到达方式：搭乘快艇，从科罗尔岛出发，经过七十群岛，最后穿过德国水道即可抵达。

2. 新断层

新断层位于著名的海底大断层旁边，最深的地方只有16米，比较浅，但是鱼类众多，珊瑚也比较美，光线也特别好，运气好的时候还能看见海龟，适合水下摄影。可乘坐快艇到达。

（四）住宿

1. 海豚湾度假村

海豚湾度假村（Dolphin Bay Resort）位于佩莱利乌岛北部、科什卡地区南部的沙滩，是一家可以充分体验大自然之美的环保型度假村，充满南国风情。度假村共有7间客房，内部设有餐厅，也提供潜水服务、皮划艇和自行车租借服务。

电话：（680）3451058
注意事项：自来水不可以饮用

2. 小岛露台

小岛露台（Island Terrace）位于佩莱利乌岛北部、科什卡地区中心，是一处家庭旅馆，2008年开业，共有5间客房，内部设有零售店和公用厨房。

电话：（680）3452020
注意事项：不能使用信用卡，只能使用美元；自来水不可以饮用

3. 海景酒店

海景酒店（Island View Hotel）位于佩莱利乌岛北部海港对面，

距离海港仅 20 秒的步行路程。酒店拥有 5 间客房。客人可以站在客房眺望傍晚的鲜红落日。酒店内部没有餐厅，不过旁边提供潜水服务的中心有一家"黄墙"餐厅。

电话：（680）3451064
注意事项：自来水不可以饮用

4. 佩莱利乌岛酒店

佩莱利乌岛酒店（Beliliou Island Juu）位于商店和学校集中的岛中心，即佩莱利乌岛北部科什卡地区，突出特色是便利，酒店内部设有零售店，拥有 6 间客房。

电话：（680）3451036
注意事项：自来水不可以饮用

六 马拉卡尔岛

(一) 景点

1. 长岛公园

从港湾大桥可以看到细长形的长岛公园（Long Island Recreation Area），原来是栈桥的构造建筑，在突出的尖角处建有秋千等游乐设施。到了周末，当地众多的家庭会前来休假，长岛公园便变得十分热闹。

2. 冰箱公园

冰箱公园（Icebox Park）位于马拉卡尔岛南端、帕劳海洋水产试验场前，公园的名称由旧制冰工厂而来。公园内宽敞的草坪令人心情舒畅，此处虽然没有沙滩，但是在广阔平浅的浅滩潜水也是比较受游客欢迎的活动。

（二）住宿

马拉卡尔岛主要酒店见图1-7。

图1-7 马拉卡尔岛主要酒店分布

1. 帕劳皇家度假村

帕劳皇家度假村坐落在马拉卡尔岛东海岸海滨地带，距离科罗尔市中心有3分钟车程，距离帕劳国家博物馆有5分钟车程，距离帕劳国际机场有10分钟车程。酒店共有157间客房，并带有私人阳台。酒店设有餐厅、观景酒吧、室外游泳池、私人沙滩等设施。

电话：（680）4886688
网址：http://www.palau-royal-resort.com
邮箱：info@palau-royal-resort.com
注意事项：度假村提供收费的Wifi，提供免费的私人停车场，每间客房最多允许加一张床，不允许携带宠物入住，自来水不可以饮用

2. 海悦大酒店

海悦大酒店（Sea Passion Hotel）距离科罗尔岛有5分钟车程，距离帕劳国际机场有30分钟车程，距离牛奶湖2.3公里，距离长沙滩3.7公里，旁边的海湾中有二战时期日本战斗机的残骸。酒店属于热带殖民建筑风格，共有67间客房，部分客房配有阳台或庭院。酒店建有餐厅、海滩酒吧、室外游泳池、SPA中心等设施，是潜水的理想之地。

电话：（680）4880066
网址：http://www.seapassionhotel.com
邮箱：reservations@seapassionhotel.com
注意事项：饭店提供免费Wifi，提供免费私人停车设施，每间客房最多可加一张床，不允许携带宠物入住，自来水不可以饮用

3. 帕劳海洋俱乐部

帕劳海洋俱乐部（Palau Marine Club）位于马拉卡尔岛沿海地带，距离帕劳国际机场约35分钟的车程，俱乐部内有餐厅、酒吧、游泳池等设施。俱乐部还提供洗衣店、出租车和机场接送服务。俱乐部共有客房12间，类型多样，既有专为单人旅行者或者经济不宽裕的潜水者准备的房间，也有为家庭旅行者准备的半豪华房，还

有备受家庭旅行青睐的豪华大床房等。

电话：（680）4881059
邮件：antelope@palaunet.com
注意事项：自来水不可以饮用

4. 马拉卡尔西广场酒店

马拉卡尔西广场酒店位于马拉卡尔岛中部，装潢简单，酒店内宽敞明亮、干净整洁，酒店还提供机场接送服务。酒店周围有几家潜水用品商店，对于潜水者来说很便利。酒店拥有34间客房，大部分客房配备有阳台，套间配备有厨房。

电话：（680）4885291
网址：http://www.wphpalau.com
邮件：westplaza@palaunet.com
注意事项：自来水不可以饮用

（三）餐饮

马拉卡尔岛上的餐厅主要有以下几家，具体信息详见表1－15。

表1－15　马拉卡尔岛的主要餐厅

餐厅名称	风格	地址/电话	营业时间	特色
Waves Restaurant	国际菜肴	帕劳皇家度假村内/(680)4882000	6：30～10：00，11：00～14：30，17：30～21：00	面朝海湾，主要的美食有海鲜、意大利面、帕劳料理等

续表

餐厅名称	风格	地址/电话	营业时间	特色
Palm Bay Bistro	国际菜肴	马拉卡尔西广场酒店内/(680)4883476	6:00~10:30,11:30~14:00,17:00~21:45	主要的美食有意大利面、比萨饼、鱼肉卷心菜等
Kramer's Cafe	咖啡厅、饭店	电话:(680)4888448	11:00~14:00,18:30~22:00	主要的美食有金枪鱼、生鱼片、黑豆烤面包等
Little Beijing Restaurant	中国面馆	马拉卡尔岛海滩附近/(680)4888886	10:30~22:00	以香港菜和川菜为主,主要的美食有烤鸭、烤猪耳、凉菜、四川火锅等
Jive Restaurant	各国料理	马拉卡尔岛海港附近/(680)4880606	7:00~10:00,17:00~22:30	主要的美食有春卷、米粉、杂粮煎饼、鲷鱼等
Sea Japanese Restaurant	日本料理	海悦大酒店内/(680)4882620	10:00~14:00,18:00~21:00,(周日只提供晚餐)	主要的美食有寿司和天妇罗、盖饭、火锅、荞麦面、乌冬面、拉面、铁板烧等
Carp Restaurant	日本料理和当地菜肴	帕劳潜水中心旁边/(680)4883341	11:00~14:00,16:00~22:00	主要的美食有炒荞麦面、咖喱饭、母子饭、椰子蟹、木薯粉等
Drop Off Bar&Grill	酒吧	帕劳潜水中心附近/(680)4887505	10:00~14:00,16:00~23:00	主要的美食有生鱼片、汉堡包、烤鱼、软饮料、啤酒等

(四) 购物

马拉卡尔岛只有一家商店,即阿里礼品店(Plumeria Belau Alii Gift),主要出售宝石礼品,商品不仅有种类繁多的珍珠和珊瑚等宝物,还设有销售巧克力和诺丽果(Noni)制品、帕劳礼品等的柜台。营业时间为 14:00~21:00。

七　星象岛

（一）速写

星象岛（Carp Island）的形状像一个躺在碧蓝大海里的绿色的五角星，是潜水者的天堂，蓝洞、蓝角及德国水道都位于其附近。岛上有度假村及比较便宜的潜水房，游客如果想前往贝里琉岛参观二战遗址，也可以住在星象岛，然后乘船前往。星象岛上只有住宿的地方，没有其他娱乐和商业设施。在这里住宿除了方便潜水之外，看日出、日落以及夜晚观星也是极佳的体验。从星象岛前往科罗尔岛乘船约1小时，到蓝洞乘快艇约15分钟，到贝里琉岛约40分钟。前往科罗尔岛的船次较少，建议旅行者提前查清班次，如果第二天要乘坐飞机，建议在科罗尔岛住宿。

（二）体验

1. 蓝洞

在海底1~2米处有4个洞，阳光照入洞穴，洞口海水呈神秘的深蓝色，蓝洞之名由此而来。蓝洞是帕劳的著名潜点，有人说没去过蓝洞就相当于没到过帕劳，这足以说明蓝洞的重要性。蓝洞分为内洞和外洞两个区域，外洞水流变化较快，适合高级潜水者。可乘快艇到达。

2. 蓝角

蓝角位于埃梅利斯群岛，是世界著名的潜水点。在这里可以看到种类繁多的鱼群和一些大型海洋生物。

（三）住宿

1. 星象岛度假村

星象岛度假村（Carp Island Resort）位于佩莱利乌岛附近的私人岛屿上，距离科罗尔岛约50分钟船程，距离巴伯尔道布岛上的艾伊拉接待所有 15 分钟的船程。度假村拥有 2 间海景新别墅房、2 间海景豪华别墅房、5 间观日出别墅房、2 间套间。星象岛为私人所有，外来人员未经许可不能进入，因此度假村保留了帕劳古老的原生态风貌，是与大自然融为一体的环保型度假村。

电话：（680）4883155
邮箱：carpcorp@palaunet.com
注意事项：自来水不可以饮用

八　昂奥尔岛

根据当地传说，尤伯被村民处以火刑后身体碎裂，形成今天的帕劳群岛，他的双脚变成佩莱利乌岛和昂奥尔岛。昂奥尔岛地处帕劳西南部，是帕劳 8 个有人居住的岛中最南部的岛，距离科罗尔岛 60 公里，距离佩莱利乌岛 18 公里。昂奥尔岛东西长约 3 公里，南北长约 4 公里，面积仅 8 平方公里，却拥有较长的海岸线。据统计，昂奥尔岛的人口约为 130 人。昂奥尔岛海拔 62 米，是一个地势低平的岛，岛东侧大多为岩石露出的沙地；西侧有一个潟湖和运输港，港上停留的多为小渔船和政府的专用船只；南部为平静的小河和沙滩；北部为美丽的珊瑚礁。

昂奥尔岛属于热带雨林气候，5~10 月为雨季，11 月至次年 4 月为旱季，全年平均气温 29℃左右，一年中气温变化较小，年平均降雨量 3800 毫米左右。昂奥尔岛气候温暖湿润，拥有丰富的生物资源和成片的热带雨林，还是密克罗尼西亚唯一有野生猴活动的岛屿，因此也被称为猴岛。此外，昂奥尔岛还有鳄鱼、食果蝙蝠、

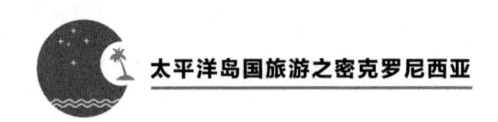

椰子蟹和蓝珊瑚等珍稀动植物。昂奥尔岛州府为恩格马斯，州府西侧还有一个名叫罗伊斯的村镇。

在帕劳独立前，昂奥尔岛经济结构单一，以种植业、渔业和磷矿资源开采为主。1909～1954年，德国、日本和美国分别在岛上开采磷矿，其中日本占领当局在岛上采掘了450万吨磷矿石。帕劳独立后，昂奥尔岛大力发展以旅游业为主的第三产业。现在，旅游业已经成为昂奥尔岛的支柱产业，每年到昂奥尔岛旅游的游客络绎不绝。昂奥尔岛的通用货币是美元。

昂奥尔岛的许多居民还保留着原始的宗教信仰。昂奥尔岛的官方语言为帕劳语、英语和日语。昂奥尔岛是除日本本土外，唯一以日语为官方语言的岛屿，但调查显示，在昂奥尔岛居住的居民都不会用日语进行日常的交流，学校也不把日语作为教学语言。

第四节　出行指南

一　行前准备

（一）护照与签证

帕劳是单方面允许中国公民办理落地签证的国家之一，外国人持有效期6个月以上的护照和飞机票或船票，可入境停留30天。入境后若要延长停留期，至少需要提前7天向移民局申请延期，最多可延期两次，每次可延长30天，每延期一次须缴费50美元。签证需要在帕劳海关办理，需要的材料包括护照（有效期至少6个月）和返程的飞机行程单。

（二）物品携带

前往帕劳可以携带和禁止携带的物品种类见表1-16。

表1-16 前往帕劳可以携带和禁止携带的物品种类

种类	具体物品
必备物品	各类证件:护照、签证、往返机票、酒店订单、旅行保险等 货币:外币现金(美元)、信用卡(美国运通卡、大莱卡、万事达卡、维萨卡) 衣物行李:衣物、伞、洗护用品、水杯等 电子设备:相机、充电宝/充电器、电脑/平板、电源转换器 药品:创可贴、感冒药、止泻药、晕车药等 防晒用品:防晒霜(SPF30+++)、防晒衣、太阳镜、遮阳帽等 防蚊虫产品:含有避蚊胺的驱蚊剂、蚊帐、宽松的长衣长裤 其他:地图、攻略、翻译手册,紧急联系人信息等
限制携带入境物品	成人每人可以携带1品脱(约0.95L)的酒品 纸卷香烟200支 随身携带的物品,如宝石、化妆品、书本等,不以贩卖为目的 现金:如果携带现金超过5000美元,就需要申报
禁止携带入境物品	没有通过检疫的植物、果实、肉类等生鲜食品 没有许可证的刀具、枪械 麻醉药品等

二 出入境交通

帕劳和中国有1小时的时差。全球各地飞往帕劳的航空公司有美佳航空、韩亚航空、大韩航空、维信航空、玛尔斯克航空、太平洋航空、"中华航空"、达美航空、狮子航空、帕劳航空、大陆航空、飞鸟航空等。

1. 帕劳国际机场

帕劳国际机场也称罗曼·莫图国际机场(Roman Tmetuchl International Airport),又名巴伯尔道布机场/科罗尔机场(Babeldaob

Airport/Koror Airport）或艾伊拉机场，是帕劳的主要机场，位于巴伯尔道布岛的艾伊拉州，距离科罗尔岛约 4 公里，距离首都恩吉鲁模德约 25 公里。

2. 中国到帕劳航线选择

从中国前往帕劳的航线不多，主要有以下几条，见表 1 – 17。

表 1 – 17 中国到帕劳的主要航线

推荐航线	航程	注意事项
航线一	中国北京 –（约 2h）– 韩国首尔 –（约 5h）– 帕劳国际机场	韩国仁川机场，过境免签，如果只是从仁川机场转机，不需要入境，就不需要签证；若转机时间比较长，想入境参观，要在机场海关办理临时签证，要交一笔费用。行李直达，无须办理中转托运
航线二	中国上海 –（约 2h）– 韩国首尔 –（约 5h）– 帕劳国际机场	
航线三	中国香港 –（约 4h）– 帕劳国际机场	持有中国香港去中国澳门的机票，提前 7 天抵达香港，不需要港澳通行证，行李直达
航线四	中国澳门 –（约 4h）– 帕劳国际机场	
航线五	中国台湾 –（约 3h）– 帕劳国际机场	在中国台湾转机属于过境，不需要海关申报和入境证件查验等；入境存取行李，需要入台证

注：帕劳不是万国邮联①成员，但是获得中国承认，行李等物品可以直接写国名邮寄。

3. 信息查询

相关信息可以登录航空公司网站查询，如中国国际航空，http：//www.airchina.com.cn；帕劳航空，http：//www.palaupacificairways.com；大韩航空，http：//www.koreanair.com。

---

① 万国邮联是联合国下属的一个关于国际邮政事务的专门机构，宗旨是组织和改善国际邮政业务，发展邮政方面的国际合作，以及在力所能及的范围内给予会员国所要求的邮政技术援助。1914 年 3 月 1 日，中国加入万国邮联。

三　境内交通

帕劳没有公交系统，陆地上出行只有四种方式，分别是乘车、骑自行车、骑摩托车和步行。出海可以选择包船，一些酒店拥有自己的出海码头，如帛琉大饭店、帕劳太平洋度假村等；一些酒店还有潜水中心的码头以及大型船只停靠的码头，如NECO Marine、Fish'n Fins等。

（一）租车

游客若想要自在轻松地在科罗尔及其周边游玩，租车是最适合的。帕劳的道路并不复杂，驾车可以扩大游玩的半径、外出购物和兜风，闲暇的时候可以在咖啡店休息，欣赏窗外美丽的景色，或者收听收音机里的音乐。如果担心预算，没有必要全程租车，可以选择只租借一两日，驾车出游能领略帕劳不一样的风采。租车时要提供护照、本人本国驾照以及往返机票。科罗尔岛的车辆大部分是来自国外的二手车，所以这里既有方向盘在左边的车辆，也有方向盘在右边的车辆，但以方向盘在右边的车辆居多，租车时可根据自己的习惯选择。科罗尔岛上没有红绿灯，车辆都靠右行驶。岛上的道路有三个车道，中间的车道是双向行车道，是专为左转车辆准备的，如果在下个路口左转，需要提前进入中间的车道。

帕劳有两家比较著名的租车公司，分别是丰田租车公司（Toyota Rent a Car）和巴基特汽车租赁公司（Budget Rent a Car）。丰田租车公司的营业地址在帕劳国际机场和西广场海景宾馆，每天在8点至17点以及航班抵达和离开的时间营业，可拨打电话（680）4885599；巴基特汽车租赁公司的营业地址在罗曼·莫图国际机场和爱普森博物馆，全部车辆都配有空调并购买有乘客和车辆保险，网上订车有优惠，可拨打电话（680）4886233，或咨询网站http://www.budget.com。

（二）出租车

出租车由当地人驾驶，车上带有 Taxi 标志，可以提供方便快捷的乘坐方式。游客若想乘坐出租车，可以在街上等待，司机看到有人在街上等待就会停下来，也可以请酒店前台、餐厅或附近商店的服务人员帮忙打电话叫车。需要注意的是，出租车上没有计价器，乘坐价格最好在上车前与司机商定好，以免引起费用纠纷。

（三）租借自行车

AIC 自行车店（AI Company Palau）是一家日本公司，提供山地自行车，自行车都配备有悬架。

营业时间：18：00 ~20：00（周末休息）
电话：（680）4888141
邮箱：aic@aic-palau.com

（四）租船

安若尔·斯尔斯水上的士是位于科罗尔岛的租船公司，提供接送乘客服务，同时也提供游览项目和出租潜水用具，可以通过电话预约。公司提供的船只从科罗尔岛 M 码头出发，前往洛克群岛上的任一目的地。每艘船最多乘坐 4 人，如果前往其他地方，需要额外支付 5 美元。

电话：（680）7787333
邮箱：ungilsilstaxi@gmail.com
价格：25 ~80美元

四 货币和汇率

(一) 货币

帕劳流通的货币是美元,纸币面额有七种,分别是1美元、2美元、5美元、10美元、20美元、50美元和100美元;硬币面额有6种,分别是1美分、5美分、10美分、25美分、50美分和1美元。币制采用十进制,1美元等于100美分。就汇率而言,1美元约合6.8950元人民币;1元人民币约合0.1450美元。①

(二) 汇率

2017年3月24日,美元、欧元、人民币与太平洋法郎汇率如表1-18所示。

表1-18 美元、欧元、人民币与太平洋法郎汇率

货币	面值	当前汇率	可兑换的太平洋法郎
澳元	100	84.5030	84050.30
美元	100	110.0800	11008.00
欧元	100	119.3300	11933.00
人民币	100	15.9740	1597.40

注:数值仅供参考,具体数值因汇率变动存在差异。

五 语言帮助

帕劳的官方语言是英语,主要语言有帕劳语和日语,在一些著名旅游景点人们会使用英语。帕劳的年轻人普遍会讲英语,但

---

① 中国外汇交易中心,http://www.chinamoney.com.cn,最后访问日期:2017年3月17日。

通常岛民之间日常对话使用的是自古相传的帕劳语，因此学会一些简单的当地语言，能够让旅行的乐趣倍增。此外，由于曾受到日本统治，许多上年纪的帕劳人可能会讲流利的日语。

常见的帕劳语及其不同语言表述见表1-19。

表1-19　常见的帕劳语及其汉语、英语对照

汉语	英语	帕劳语
你好	Hello	Alili
谢谢	Thank you	Me sulang
回见	See you	Ma uriul
是的	Yes	Choi,o'o
不是的	No	Ng diak
我的名字是……	My name is...	A ngklek a
请给我……	Please give me...	Me sesei
晚上好	Good evening	Ungil
来，来了	Coming	Mei
有……吗?	There...?	Ngarugii
进来，请进	Come in	Bemtuu
多少钱	How much is it	Telang
走吧	Come on	Dorael
没有	No	Diak a
请	Please	Kabong
对不起(对男性)	I am sorry	Ollei
对不起(对女性)	I am sorry	Ea kau
您身体好吗?	How are you	Ke ua ngerang
你的名字是	What's your name	Ngtecha nklem

六　网络及通信

（一）电话

帕劳的电信运营商只有一家，即帕劳电信局（Palau National Communication Corporation，PNCC）垄断了帕劳的通信业，控制着电信网、广电网和有线电视的接入商。开通国际漫游的中国手机用户可直接在帕劳接听拨打国际电话、收发短信。但若与当地人经常联系，买一张当地的卡是十分必要的，而且当地手机的 SIM 卡只能在 PNCC 的业务点买到。此外，主要酒店或饭店可提供国际电话服务，Debusech 预付费电话卡在当地商店有售。帕劳的网络通信比较落后，只有少数高级酒店提供免费 Wifi。

从中国往帕劳拨打电话的方法："国际电话识别号码 00 + 帕劳岛的国家代码 680 + 地区号码（去掉前面一个 0）+ 对方的电话号码。"

从帕劳往中国拨打电话的方法："国际电话识别号码 00 + 中国的国家代码 86 + 地区号码（去掉前面第一个 0）+ 对方的电话号码。"

（二）通信公司

1. 中国移动

中国移动国际漫游免费客户服务热线：13800100186。在帕劳，使用中国移动接听拨打电话和收发短信的收费标准分别见表 1 - 20、表 1 - 21。

表 1 - 20　使用中国移动接听拨打电话收费标准

单位：元/分钟

拨打中国内地	漫游地接听	拨漫游地	拨其他国家和地区(不含特定国家和地区)
2.99	2.99	2.99	3.00

表1-21　使用中国移动收发短信收费标准

单位：元/条

发短信回中国内地	发短信至其他国家和地区	收短信
1.29	2.19	免费

2. 中国电信

中国电信国际漫游免费客户服务热线：18918910000。在帕劳，使用中国电信接听拨打电话和收发短信的收费标准分别见表1-22、表1-23。

表1-22　使用中国电信接听拨打电话收费标准

单位：元/分钟

拨打中国内地	漫游地接听	拨漫游地	拨其他国家和地区（不含特定国家和地区）
52.89	5.99	30.89	30.89（视当地）

表1-23　使用中国电信收发短信收费标准

单位：元/条

发短信回中国内地	发短信至其他国家和地区	收短信
6.89	7.69	免费

（三）邮政

帕劳的邮政编码沿用美国邮政编码体系，州代码是PW，邮政编码只有一个：96940。

在实际操作中，从中国邮寄到帕劳的国际邮件，只需要在信封上用中文写上邮寄到帕劳，并且附上城市名称及详细地址，不用填写帕劳邮政编码，一样也可以递送到帕劳。为了便于邮件在帕劳内部递送，需要用帕劳当地的语言写清详细地址，最好填写上帕劳当地的邮编，以便帕劳的邮局分发和邮递员递送。

七　安全信息

（一）安全防范

1. 保管好自己的贵重物品

现金、首饰之类的贵重品最好放在酒店的保险箱或是房间的金库中。最好不要将钱包放在后面的裤袋里，这样是非常危险的，可能会落在别处或被偷，这种情况常常发生在海滩、餐厅、酒店等地方。游客在游玩的过程中，要时刻看好自己的行李物品。

2. 乘坐出租车要提前议价

帕劳的出租车上没有计价器，乘坐出租车的价格全凭交涉，在上车之前一定要与司机商定好价钱，避免因没有提前商定好价钱发生纠纷，为了保证旅游的质量，提前商定价格是十分有必要的。大致上，在科罗尔的城镇，单程价约为5美元；科罗尔岛至马拉卡尔岛，7美元左右；从科罗尔市中心到帕劳太平洋度假村，大约15美元。最好乘坐经常出入酒店的出租车。

（二）意外处理

1. 护照丢失

如果丢失了护照，可以先去最近的警察局领取丢失被盗证明书，接下来前往中国驻密克罗尼西亚领事馆申请"回国渡航书"，这样就可以重新办理护照，但是需要的时间比较长。倘若短时间内需要回国的话，建议申领"回国渡航书"（替代护照的证件，具有与护照完全等同的效力）。为以防万一，可以将护照上带有照片的那一页和机票（E机票）复印一份保存，这样办理手续时会比较顺利。

2. 机票丢失

最近，E机票成为主力。发行的E机票券（旅行表）要带到旅行地，如果丢失了E机票券，在登机柜台确定是本人后，工作人员也会给乘客发放登机牌。

3. 信用卡丢失

如果丢失了信用卡，要及时联系当地的信用卡公司，办理信用卡作废手续，公司会重新发放一张信用卡，但信用卡重新发放的时间会因公司不同而不同。重新发放信用卡所必需的材料有：当地警察署开具的丢失被盗证明，丢失或被盗的信用卡编号及发放日期。常用信用卡信息见表1－24。

表1－24　信用卡种类及联系电话

信用卡种类	联系电话（对方付费）
美国运通卡	65 6535 2209
大莱卡	81 45 523 1196
JCB卡	81 422 40 8122
万事达卡	1 636 722 7111
维萨卡	1 303 967 1090

（三）联系电话

1. 医疗

WCTC购物中心、环球免税店等地都有感冒药、肠胃药、创可贴之类的简单医药品出售，但游客最好自己携带一些经常使用的药品，这样使用起来更为方便。帕劳群岛有1家医院、13家诊疗所、20余名医生。帕劳国家医院位于安格利奇比桑岛东部。13家诊疗所分布在帕劳的各个岛上。如果游客加入了帕劳当地的海外旅行保险，可以拨打保险公司的电话请求保险赔偿金，游客需要保存好医院的收据，这在请求赔偿时需要用到。若是在旅行中发生事故，则需要联系陪同人员和当地的旅游公司。若是在酒店内发生事故，则需要联系前台。

帕劳国家医院联系方式：(680) 4882552。

2. 联系大使馆

目前中国和帕劳没有建立正式外交关系，中国公民在帕劳遇到问题时，可以向中国驻密克罗尼西亚联邦大使馆求助。中国驻密克罗尼西亚联邦大使馆的具体信息见表1-25。

表1-25　中国驻密克罗尼西亚联邦大使馆

大使馆	中国驻密克罗尼西亚联邦大使馆
地址	密克罗尼西亚联邦波纳佩州帕利基尔市工业园
联系电话	(691)3205578、(691)3201646
传真	(691)3205578
开放时间	9:00~12:00,14:00~17:00
网址	http://fm.chineseembassy.org
邮箱	Chinaemb_fm@mfa.gov.cn

3. 紧急电话

帕劳当地急救电话：911

基里巴斯

第一节 国家速写

一 国名

基里巴斯的全称是基里巴斯共和国（The Republic of Kiribati），为英联邦成员，是太平洋岛国论坛的重要成员。18世纪，英国船长吉尔伯特（Gilbert）发现了这个群岛，并以自己的名字将其命名为吉尔伯特群岛（Gilbert Islands）。1979年，吉尔伯特群岛独立，改国名为基里巴斯，"基里巴斯"是"Gilbert"的基里巴斯语发音。

二 地理

基里巴斯位于密克罗尼西亚岛群东南部，是太平洋岛国中唯一跨赤道的国家，北邻马绍尔群岛（Marshall Islands），西接瑙鲁（Nauru），南邻瓦努阿图（Vanuatu）和库克群岛（Cook Islands）。基里巴斯由33个岛组成，其中巴纳巴岛（Banaba Island）地势较高，最高点海拔81米，是基里巴斯的最高点；其他32个岛都是典型的低平珊瑚礁岛。截至2015年，基里巴斯总人口超过10万人，[1]吉尔伯特群岛的定居人口最多，莱恩群岛（Line Islands）中有5个

---

[1] 世界银行网站，http://data.worldbank.org/country/kiribati，最后访问日期：2017年2月28日。

无人居住的岛，菲尼克斯群岛（Phoenix Islands）中只有一个岛有常住居民。基里巴斯拥有陆地面积811平方公里、专属经济区近335万平方公里。[1]

基里巴斯属于典型的热带海洋性气候，年平均气温27℃左右，年平均降雨量1600毫米，12月到次年5月降雨较多，比较湿润；6~11月降水少，较为干燥。20世纪以来，全球气候发生变化，温度升高，降雨减少，风浪增加。1920年以来，基里巴斯平均气温升高了1℃，持续出现干旱，同时风浪增多，出现洪水和暴雨。每当潮汐发生时，岛民种植的甘蓝、土豆、黄瓜等就会被冲走。

基里巴斯渔业资源丰富，拥有近800种鱼类和1000多种贝类，重要的鱼类包括金枪鱼、青枪鱼、北梭鱼、灰色鲨鱼和黄鲷鱼等。莱恩群岛从殖民地时代起就通过立法保护鸟类，这最大限度地保护了海鸟种群，珍贵的吸蜜鹦鹉（Charmosyna）是这里独有的鸟类。基里巴斯近海海底富含锰、镍等矿藏。

基里巴斯是一个多民族国家，绝大部分居民是密克罗尼西亚人，波利尼西亚人占全国总人口的不到2%，另有一些欧洲移民等。基里巴斯是一个信仰多元的国家，主要宗教是基督教，52%的基里巴斯人信奉罗马天主教，40%的基里巴斯人信奉新教，还有少部分人信奉巴哈伊教、伊斯兰教等。[2] 20世纪90年代初期，中国外交部驻外大使徐明远先生前往基里巴斯总统耶利米亚·塔拜（Ieremia Tabai）的故乡访问，当地的长者按照宗教传统举行了欢迎贵宾的仪式，仪式在一块由卵石组成的各种图案的圣地上举行。举行仪式时，长者

---

[1] 王胜三、陈德正主编《一带一路列国志》，人民出版社，2015，第352页。
[2] 徐美莉编著《基里巴斯》，社会科学文献出版社，2016，第8页。

口中念念有词，在徐明远大使的脸上印上一小片沙砾以表祝福。

基里巴斯全国划分为三个行政区，分别是吉尔伯特群岛、莱恩群岛和菲尼克斯群岛，每个行政区都有自己的议会。

三　历史

最初到达吉尔伯特群岛的人来自群岛西部，他们皮肤黑、体形小、头发卷曲，在这里生活了数个世纪，直到4000～5000年前才被来自群岛西部的另一批人征服。后来到达的这批人肤色较浅、体形大，他们的生活习惯造就了早期吉尔伯特社会的基本形式。约3000年前，东南亚人开始向美拉尼西亚和密克罗尼西亚移民，这些人属于南岛语系。吉尔伯特群岛岛民种植的椰树、面包树和露兜树都是东南亚的传统植物，它们是被这批东南亚人带到这些岛屿的。

约在14世纪，斐济人和汤加人入侵后与当地人通婚，形成了基里巴斯民族。16世纪，印度尼西亚人从吉尔伯特群岛迁移至巴纳巴岛，将巴纳巴岛命名为"Banaba"，基里巴斯语中意为"岩石土地"。17世纪，贝鲁岛（Beru Island）的居民迁徙到巴纳巴岛，并与巴纳巴岛上的早期居民发生冲突，但双方最终融为一体，共同创造了独特的巴纳巴文化。

17世纪中叶，吉尔伯特群岛中部爆发了贝鲁岛武士的征服运动。贝鲁岛上人口过剩，富有进取心的凯图（Kaitu）煽动岛上的武士发动了对外战争，使文化体系扩张到群岛的最北方——马拉凯环礁（Marakei Atoll）。这次征服运动使吉尔伯特群岛的语言得到统一，也使岛民的家谱得以保存下来。贝鲁岛被吉尔伯特群岛的岛民看作他们的文化发祥地，成为对群岛创世纪神话影响最大的一部分。基里巴斯人将贝鲁岛武士的征服运动编入基里巴斯的第一部历史书《基里巴斯史》（*Kiribati*：*Aspects of History*）中。

19世纪初，欧洲殖民活动开始波及吉尔伯特群岛。1799～1826年，欧美人先后来此猎捕抹香鲸，收购椰干和椰油，贩运岛民至斐济、夏威夷等太平洋岛屿和美洲。19世纪下半叶，基督教传入吉尔伯特群岛，美国、英国和法国的传教团相继展开传教活动。1852年，美国传教团在访问马绍尔群岛的途中访问了基里巴斯的马金岛［Makin Islands，又称"布塔里塔里环礁"（Butaritari Atoll）］，但岛屿首领没有让传教士留在岛上进行传教活动。1857年，美国传教士海勒姆·宾厄姆（Hiram Bingham）再次登陆吉尔伯特群岛进行考察，成为第一个在岛上定居且具有广泛影响力的传教士。19世纪70年代，伦敦传教团进入吉尔伯特群岛。传教团中以萨摩亚传教士为主，他们在基里巴斯生活了30多年，成功地改变了当地大部分人的宗教信仰和生活方式。1888年5月，法国的天主教传入吉尔伯特群岛，在美国传教团所辖的群岛中部、北部地区传播开来，而没有传播到伦敦传教团所辖的南部地区。到19世纪末，岛上已有一半左右的居民成为天主教徒。

1877年，吉尔伯特群岛成为英国驻西太平洋高级专员管辖区。1915年11月10日，英国政府将吉尔伯特群岛与埃利斯群岛合并为吉尔伯特和埃利斯群岛殖民地（Gilbert and Ellice Islands Colony）。次年，巴纳巴岛、莱恩群岛和华盛顿岛（Washington Island）并入该殖民地。1919年，圣诞岛并入殖民地。1937年3月，菲尼克斯群岛成为该殖民地的一部分。至此，共有37个岛沦为英国的殖民地，包括吉尔伯特群岛中的16个岛、埃利斯群岛中的9个岛、菲尼克斯群岛的8个岛、莱恩群岛的3个岛和巴纳巴岛。1938年，菲尼克斯群岛中的坎顿岛和恩德伯里岛被美国占领；次年，英国和美国宣布对这两个岛实行共管。

太平洋战争期间，日军入侵吉尔伯特群岛，在塔拉瓦环礁建造了机场和一些军事设施，由此岛上可用于生产的土地面积减少。岛上进口物品短缺，资源逐渐匮乏，生活必需品变成奢侈品，烟草、大米和牛肉罐头的供应渐渐减少，纺织布料也成为稀缺资源，部分妇女只得穿上先前的草裙。日军意识到稀缺的粮食难以满足岛民的基本需求，于是将多数岛民转移到科斯雷岛、瑙鲁和塔拉瓦环礁等地，并强征部分男性劳动力至岛上的日军牢营做苦力。1943年，吉尔伯特群岛被美军占领。

20世纪60年代，吉尔伯特群岛和埃利斯群岛殖民地人民的独立意识开始觉醒。1971年，英国允许吉尔伯特群岛和埃利斯群岛殖民地实行自治。1972年1月1日，南莱恩群岛被划归为吉尔伯特和埃利斯群岛殖民地管辖。1974年，由于种族纷争，以波利尼西亚人为主的埃利斯群岛居民要求公投，希望与以密克罗尼西亚人为主的吉尔伯特群岛分开。1975年10月，埃利斯群岛脱离吉尔伯特和埃利斯群岛殖民地实现独立，并恢复旧名图瓦卢。

1978年11月下旬，吉尔伯特群岛、巴纳巴岛以及英国的代表共同参加了在伦敦马堡大厦举行的制宪会议，出席会议的还有当时在吉尔伯特群岛工作的英国殖民地官员和一些顾问。大会首先讨论了巴纳巴人未来身份地位问题。1977年，有人提议巴纳巴岛应从吉尔伯特群岛中分离出来，并入斐济。巴纳巴岛代表在大会上再次提出此要求，但经过多次讨论，大会最终宣布巴纳巴岛依然为群岛的一部分。大会的第二项讨论内容是基里巴斯独立后的财务安排问题，最终决定在基里巴斯独立后的前三年，同意英国政府为其提供2650万澳元作为发展援助资金。第三项内容是巴纳巴岛独立宪法的制定问题，讨论结果为：同意议会中有两个议员席位留给巴纳巴岛选区，其中一个席位由选举产生，一个席位由拉比岛委员会指定。此外，会议做出的另一个重要决定是：同意新国家的名称为"基里巴斯"，规定共和国的首位总统是独立日之前最近就职的一位首席部长，自宪法生效之日起开始担任总统。

1979年7月12日，基里巴斯共和国诞生，耶利米亚·塔拜担任国家第一任总统。国家诞生庆典于7月12日上午在塔拉瓦中心广场举行，出席庆典的有英国女王伊丽莎白二世的长女安妮公主[1]，太平洋岛国领导人以及美、法、日、中、澳、新等国代表，以及上万名基里巴斯群众。安妮公主将独立文书交给基里巴斯总统耶利米亚·塔拜，这标志着基里巴斯新时代的开始。

1983年，菲尼克斯群岛和莱恩群岛脱离美国的统治与管理，也成为基里巴斯共和国的一部分。基里巴斯独立后对所有国家奉行友好和谅解的政策，1979年9月与美国订立友好条约，1980年6月25日与中国建立外交关系。

1994年，基里巴斯共和国第四任总统塞布罗罗·斯托（Teburoro Tito）上任；次年，基里巴斯政府单方面将国际日期变更线东移[2]，成为世界上第一个看到黎明的国家。这是斯托总统的竞选承诺之一，也对基里巴斯旅游业的发展起到了促进和引导作用。1999年，基里巴斯成为联合国成员。2008年6月，基里巴斯官员要求澳大利亚和新西兰接受基里巴斯公民工作定居。2012年，基里巴斯政府为了应对海平面上升问题，在斐济第二大岛瓦努阿岛购买了土地。2013年4月，政府开始敦促公民撤离群岛，向其他地

---

[1] 安妮公主，全名安妮·伊丽莎白·爱莉斯·路易斯·劳伦斯（Anne Elizabeth Alice Louise Laurence），曾姓菲利普斯（Phillips），生于1950年8月15日，是英国女王伊丽莎白二世的独生女，英国王室的第十一位继承人，现任长公主。
[2] 此举是为了消除莱恩群岛与首都塔拉瓦在日期上相差一天的不便。

方迁移。

2016 年 3 月 11 日,托布万基里巴斯党(Tobwaan Kiribati Party)的候选人塔内蒂·马马乌(Taaneti Mwamwau)击败另外两名候选人,获得59.7%的选票,当选基里巴斯第五任总统。

四　政治

基里巴斯是总统制共和制国家。总统制政体具有显著的特征:第一,总统、副总统、内阁部长必须是议会成员;第二,议会决定总统候选人,有相当大的权力决定总统的去留;第三,虽然基里巴斯实行行政、立法、司法三权分立,但总统和议会在一定程度上是一体的,总统来自议会,有时议会也会随着总统离任而解散。

总统在基里巴斯语中被称为"贝雷蒂坦蒂"(Beretitenti)。根据基里巴斯宪法的规定,基里巴斯总统既是国家元首,也是政府首脑,任期 3 年,连任不得超过三次。总统由选举产生,在议会选举之后,从议会成员中提名总统候选人,获得最高选票数的候选人成为总统。总统选举由选举委员会主持,首席法官监督。

议会在基里巴斯语中称为"曼尼·阿巴-尼-蒙加塔布"（Manny Abba-Nepal-Montgartra）,其名字来源于基里巴斯传统社会核心的集会房。议会为一院制,是基里巴斯的最高立法机关,共有 42 位议员,任期 4 年。其中,总检察长和巴纳巴岛的 1 位议员为指定议员,其余 40 位议员均由各选区选举产生,各选区议员人数按人口比例分配。总检察长主持议长选举,并负责选举的实施。

基里巴斯司法独立,司法部门由高等法院、上诉法院和 26 个地方法院组成。高等法院为最高司法机关,法官由首席法官和依照规定任命的其他法官组成。高等法院有权监督任何下级法院提起的任何民事诉讼或刑事诉讼，并可为确保下级法院充分执法而做出适当的决议。上诉法院是上级法院，负责审理和裁决基里巴斯现行法律规定的其应受理的上诉案件。地方法院负责审理民事案件和刑事案件，并负责调解有关土地问题的纠纷。

1980年6月25日，基里巴斯与中国正式建立外交关系；2003年两国断交。

五 经济

基里巴斯的基础经济部门是种植业和渔业，政府致力于发展椰子、露兜树、面包树等传统作物的生产，渔业、椰产品的生产和出口是基里巴斯重要的经济支柱。基里巴斯政府成功引进了国外的蔬菜、水果，并将这些蔬菜、水果在本土种植，为居民提供新鲜、富有营养的多样化食品。基里巴斯在海藻养殖业也取得了商业性生产成果。基里巴斯与斐济、中国合作建立了国家鱼产品加工厂，与世界其他国家签订的捕鱼协定是渔业收入的主要来源。

自殖民地时代起，基里巴斯原本自给自足的内向型经济开始转变成外向型经济，重要的经济活动是出口产品，主要的贸易伙伴国为日本、澳大利亚、美国、斐济和新西兰等，许多产品依赖进口，进口商品中以食品为大宗。政府积极吸引海外投资，鼓励国内私营经济发展。同时，基里巴斯以政府的主权财富基金投入国际资本市场以实现收入平衡储备基金的运作十分成功，这成为太平洋地区一个的成功范例。

六 文化

基里巴斯既保持着自己独特的原始风情和浓厚的历史神秘感，也不断吸收和融合其他外来文化，如日本文化和美国殖民文化。不同的文化铸就了基里巴斯多姿而又独特的文化，形成了不同的语言、艺术、礼仪和习俗，展现了基里巴斯文化多姿而又神奇的魅力。

（一）语言与教育

基里巴斯的通用语言为基里巴斯语和英语，官方语言为英语。英语属于印欧语系中日耳曼语族的西日耳曼语支，音节结构由辅音和元音构成。基里巴斯语是南岛语系密克罗尼西亚语族的一支，在全世界范围内拥有七万多使用者，主要分布于基里巴斯、所罗门群岛、瓦努阿图、图瓦卢和瑙鲁。20世纪70年代，基里巴斯政府开始将基里巴斯语的发音和拼写标准化，并收集资料出版了基里巴斯语字典。

基里巴斯人从殖民地时期开始就认识到教育的重要性，并且高度重视发展教育。国家在学校附近修建了临时性房屋，学生可以和父母暂居在这些临时性房子里，从而节省了在上学路上花费的时间。

（二）体育运动

基里巴斯传统体育项目包括摔跤、独木舟竞赛和"奥列阿诺"（Oreano）比赛。"奥列阿诺"比赛是将一个又大又重的球投向对方，力求不被对方抓住。基里巴斯的国内运动项目中，独木舟竞赛、足球、乒乓球最流行。每当新年，基里巴斯人都会组织一次足球锦标赛。2004年，基里巴斯第一次参加奥运会，由于条件限制，他们仅派出3名举重运动员参加比赛，没能取得好名次。2008年，基里巴斯参加了北京奥运会。2011年5月13日，在澳大利亚达尔文港运动会上，基里巴斯实现了金牌零的突破。18岁的举重运动员塔克尼阿·塔罗门（Takenibieia Toromon）在69公斤级举重比赛中获得金牌。[①]

[①] 徐美莉编著《基里巴斯》，社会科学文献出版社，2016，第124页。

基里巴斯人是敏捷的攀爬者，数千年来，他们依赖高达数米甚至十几米的椰树为生，爬树的功夫自幼练成，他们在儿童时代就开始学习攀爬。一般而言，基里巴斯女人攀爬的速度很快，但爬到椰树顶上收集椰子或椰汁一般是男人的工作。同样，基里巴斯人终生与海洋相伴，是天生的海洋民族，并且通过常年的海洋生活成为稳定从容的水手。

（三）文学艺术

1. 文学、摄影和美术

诗歌是基里巴斯文学的主要表现形式。吉尔伯特群岛的创世纪神话堪称文学史诗，以诗歌的形式展开叙事。在现代文学中，珍·莱斯特（Jane Leicester）是基里巴斯多产的诗人，他的作品主要有《基里巴斯独木舟》《巴纳巴，我们的基里巴斯岩石》等。特维安瑞·特安罗（Teweiariki Teaero）是基里巴斯的教育家、画家和诗人，用英语写作的《蓝金》（*Blue Gold*）是他发表的第一首诗，诗歌表现了作者对海洋的敬意。诗文选集 *Waa in Stones* 中包括用英语、基里巴斯语创作的散文、诗歌等。

特维安瑞·特安罗在澳大利亚留学期间学习了美洲、澳大利亚作家和艺术家的作品，之后他又前往美属萨摩亚首府帕果帕果（Pago Pago）参加了2008年太平洋艺术节，成立了一个由年轻的基里巴斯艺术家组成的工作室，旨在保护传统知识和文化遗产。在太平洋共同体秘书处的协调及太平洋岛国论坛的支持下，特维安瑞·特安罗的工作室于2009年开始运作。值得一提的是，塔瓦拉机场贵宾室中陈列着特维安瑞·特安罗的画作，供游客欣赏。

2. 音乐和舞蹈

音乐和舞蹈是基里巴斯文化的重要组成部分，是民族和文化独特性的标志。密克罗尼西亚传统音乐与太平洋其他区域显著不同，以唱为主，很少使用乐器，主要的伴奏乐器是海螺壳号角、棒、箱子（后两者用以敲击）。音乐也是对生活的反映，基里巴斯人通常歌唱生活中的日常事件，包括捕鱼、造独木舟以及美丽的爱情。基里巴斯人热爱唱歌，他们习惯用歌曲表达自己的情感，在教堂中吟唱宗教歌曲，在复活节、圣诞节、新年等节日唱节日歌曲，在欢迎和送别等仪式上吟唱一些应景的送别曲。

与斐济、汤加等其他太平洋国家相比，基里巴斯舞蹈没有受到基督教的太多禁锢，舞蹈中女性有扭摆臀部的动作，这在斐济人和汤加人看来是冒犯行为。基里巴斯舞蹈没有乐器伴奏，用一个盒子或键盘敲打出节奏，有一种野性之美。2010年，中国上海世博会太平洋联合馆的基里巴斯馆中，由13人组成的基里巴斯舞蹈队表演了拍手舞，没有借助任何道具，仅依靠歌声，通过拍手、拍腿和跺脚来打节拍，充分展示了当地人划船、捕鱼、编织等带有浓郁岛国风情的日常活动。

（四）礼仪与习俗

1. 不冠称谓

基里巴斯许多质朴传统的民俗得到保留。基里巴斯人习惯对人直呼其名，男女老幼之间从都不冠称谓，在家庭里也同样，一律只称呼姓名。但在外交场合，他们遵守国际上通用的称谓。

2. 数字3

数字3在当地民间文化中具有特殊意义。基里巴斯大多数传统舞蹈由三个部分组成。当一个人表达他对表演者的欣赏时，会拍掌三次，稍加停顿再拍掌三次；基里巴斯人在村落会议讲话时，陈述通常分为三个部分。

3. 应遵循的原则

（1）注意穿着得体，即使去海滩也要穿着得当；

（2）进别人家要脱鞋，而且脚尖不要朝向房间的方向；

（3）基里巴斯的礼拜日即休息日，尽量不要开展太多的商业活动；

（4）因自己正在忙于某事而要求其他人稍后再来，在基里巴斯人看来是无礼的行为；

（5）尽量不要讨价还价，价格在基里巴斯是固定的，讲价是对商店主人最严重的冒犯；

（6）说"no"通常是无礼的行为，这被认为是不关心他人的需要，基里巴斯人倾向于说"sorry"，之后做一个解释；

（7）基里巴斯人认为头部是人身体最神圣的部分，从主人头上传递东西是极大的无礼，将手放在老年人头上近似于诽谤，"注意，我将拍你的头"是对人极端的侮辱。

（五）重要节日

1. 元旦

元旦（New Year's Day），即1月1日，是基里巴斯人的节日。基里巴斯也是世界上第一个庆祝元旦的国家。岛民会在新年将至时准备年货，这些年货主要是各种鱼虾、澳大利亚产的啤酒和自家酿造的椰汁酒等。元旦这一天格外热闹，"这时能听到猪的嚎叫，这是岛民在杀猪过年，通常是男人在杀猪，女人在准备柴火，小孩子们在玩耍"。[①]

2. 国庆节

基里巴斯的国庆节（National Day）又称独立日，是基里巴斯的主要社会活动之一，是为了纪念1979年7月12日共和国独立的日子。尽管官方的假期是在7月12日，但实际上节日在9

[①] 吴钟华：《外交官看世界：南太不了情》，四川人民出版社，2006，第143页。

日这天就已经开始，而且会持续很长时间。在节日期间塔拉瓦会举行一些活动来庆祝，比如放风筝、跳舞或其他一些具有冒险性质的活动。

3. 福音日

福音日（Gospel Day）是每年7月第一个星期一。这一天，位于首都塔拉瓦的基里巴斯国家体育馆会举行一场庆祝仪式，仪式由两个教堂的首领组织，人们通过跳舞、唱歌等活动来共同庆祝节日。

4. 国际健康日

国际健康日（National Health Day）是一个鼓励人们拥有健康生活的节日，时间为每年的4月19日。它提倡积极参与，也提倡放松休息，是基里巴斯人每年都会庆祝的节日之一。在这一天，国家卫生部会组织一些有利于身体健康的运动，包括足球、排球、垒球、拳击、篮球和骑自行车等。同时，也有大部分人利用节日时间发展自己的爱好，放松心情。

第二节　国家亮点

一　体验

（一）海钓和矶钓

基里巴斯拥有丰富的渔业资源，主要有金枪鱼、鲷鱼、鲣鱼等。基里巴斯景色优美、环境宁静，海钓是游客不容错过的体验，可以使人更加接近自然。海钓也是当地人的一种休闲运动，既能让人感到刺激、获得乐趣，也能锻炼身体。基里巴斯有许多优秀的海钓手，他们不仅拥有丰富的海钓知识，还熟悉攀岩、登山、航海和游泳等技能。位于吉尔伯特群岛的比休岛海钓俱乐部（Betio Game Fishing Club）是基里巴斯唯一提供海钓和矶钓服务的俱乐部。

(二) 参观神社

基里巴斯的圣坛是举行宗教仪式或者祭祀的地方，主要集中在吉尔伯特群岛。比较著名的有鲍恩·奇威国王圣陵和尤托恩·卡瓦议会圣坛。

二 美食

基里巴斯四面环海，盛产各种海鲜。这里的海鲜种类多种多样，而且个头大，无污染，如金枪鱼、椰子蟹、龙虾、石斑鱼、螃蟹、海螺等，最特别的是大型海螺和扇贝肉质鲜甜，就像海里生长的水果一样，食用等级非常高。基里巴斯的餐厅一般在早上10点开门，晚上22点半关门，建议提前预约或早早出门。需要注意的是，一些市内小餐厅不接受刷卡消费，需要准备好现金。游客也可以自己在市场购买海鲜，然后带到餐厅让厨师加工，这样只需要付加工费就可以了。

"洛佛"是基里巴斯人最爱吃的一种传统食品，其做法有点像我国国内的"叫花鸡"。首先，将主料芋头、木薯、山药、整条鱼、整只鸡、大块的猪肉、龟肉等放在一起腌制后用香蕉叶子包裹起来；其次，放入挖好的坑中用土盖好，在表面盖上香蕉叶和木头，点火烘烤数小时；最后，将食物取出，再配以清爽可口的水果和蔬菜，这样一道美味丰富、营养价值高的洛佛就闪亮登场了。

(一) 金枪鱼

金枪鱼是基里巴斯年货中的重要一项，作为一种健康、营养的现代食品，备受当地人和游客喜爱。乔治基里巴斯酒店的内部餐厅位于吉尔伯特群岛，提供新鲜可口的金枪鱼，但它所提供的金枪鱼的数量和时间要受捕捞情况的限制。因此，游客若想要品尝，最好提前预约，以保证能品尝到口感新鲜的金枪鱼。

（二）椰子蟹

椰子蟹是基里巴斯最具特色的一道美食，也是备受称赞的一道美食。椰子蟹体形庞大，体重最重可以达到6千克，拥有坚硬的外壳和两只强壮有力的巨螯，是爬树健将，尤其善于攀爬笔直的椰子树，并用其强壮的双螯剥开坚硬的椰子壳，享用椰子果肉，椰子蟹也正由此得名。基里巴斯人通常清蒸椰子蟹，这种方法做出的椰子蟹肉质鲜嫩，而且散发着浓浓的椰子香味。但是，由于人类对椰子蟹的疯狂猎捕，其自然栖息环境遭到不同程度的破坏，椰子蟹在栖息地越来越难觅踪迹，基里巴斯政府正在研究人工养殖椰子蟹的方法。

（三）生鱼片

基里巴斯的海鲜种类很多，有大海里活蹦乱跳的鲷鱼和鳑鱼，也有各种各样的小鱼，因此这里的生鱼片种类丰富。而且，这里的生鱼片都是采用新鲜的海鲜鱼类加工制成，造型漂亮、口感柔嫩鲜美。生鱼片含有丰富的蛋白质，质地柔软且易于咀嚼和消化，同时还富含丰富的维生素与微量矿物质，脂肪含量较低，是营养丰富且容易吸收的好食物。

（四）果蔬沙拉

基里巴斯盛产各种热带水果，包括椰果、柠檬、木瓜、香蕉、菠萝、杧果等。基里巴斯人通常会将水果切成块或丁，再加入沙拉酱、西红柿、生菜叶子等均匀搅拌，制成色彩鲜丽、口味清爽的果蔬沙拉。此外，基里巴斯人喜欢将水果加入菜肴中，使海鲜更鲜美，使咖喱更浓郁。比如，"科科达"（Kokoda）就是一道以新鲜的鱼肉、水果、蔬菜和椰奶为主料制成的开胃冷盘，酸甜口味，非常适合在这种炎热的地方食用。

三　购　物

（一）手工艺编织品

在基里巴斯的历史上，一直存在使用露兜树树叶编织物品的传统。刚开始的时候，这些编织工艺被用于编织生活必需品，随着经济的发展，生活必需品不仅来自人们的手工编织，也来自市场交换。这种编织技术就渐渐地用于编织一些工艺品，如使用露兜树的树叶制成的手提包、帽子、垫子、附件箱等。这些编织手工艺品都是太平洋诸岛流传下来的传统编织工艺品，凝聚着基里巴斯人民生活的经验和智慧。

（二）贝类加工品

基里巴斯的贝类资源丰富。这些贝类形状或奇特或美丽，尤其受到基里巴斯年轻人的喜爱。贝类加工品的应用范围广泛，可爱的女士挎包、美丽时尚的项链、特色十足的房屋挂饰等物品中都可以见到它们的身影。贝类加工品在当地很常见，在基里巴斯的商店中都有售卖，游客购买很方便。

（三）椰子制品

椰子制品是基里巴斯的特色产品，包括椰子油、椰子饼干、椰子壳制品、椰油手工香皂和椰子乳等。椰子油不仅味道香甜，而且具有很好的滋润作用，可以用来按摩身体。基里巴斯的椰油手工香皂和椰子乳也是非常受欢迎的特产，椰油手工香皂由椰奶、水草精华（水草中含有丰富的海洋营养）等制成，绿色环保,香气浓郁,可以清洁滋润皮肤,修复被晒伤的皮肤,作为礼物或者自用都很不错。此外,椰子饼干和椰子壳制品等也是不错的小礼物。基里巴斯的椰子制品十分普遍,在超市、礼品店以及机场都有售卖。

（四）黑珍珠

黑珍珠拥有精美的形状、润滑的触感和完美的成色,是基里巴斯具有代表性的珠宝。黑珍珠价格昂贵,个大和成色完美的黑珍珠价值不菲。基里巴斯的黑珍珠在免税店和小首饰铺中都有售卖。游客购买免税店和大型商场中的黑珍珠时会得到质量保障证书;购买珍珠养殖场和小首饰铺的黑珍珠时,则需要谨慎地鉴别黑珍珠的真伪,以防出售者以次充好。一般来讲,免税店和大型商场中的黑珍珠售价较高。

（五）基里巴斯纪念币

基里巴斯纪念币是基里巴斯独具特色的传统工艺品,它的发行通常是为了纪念一些重大历史事件或是对传统文化发展具有特殊意义的事件。纪念币在市场上流通时具有和纸币同等的使用价值,但由于纪念币本身的纪念意义,它通常被人们收藏,而不是像普通货币那样在市场上流通。游客可以在基里巴斯国家银行咨询关于购买基里巴斯纪念币的事宜。

第三节　旅游中心地

一　吉尔伯特群岛

（一）速写

吉尔伯特群岛（Gilbert Islands）又名金斯米尔群岛（Kingsmill

Islands)，东西长2300公里，南北宽1200公里，陆地总面积约430平方公里，是基里巴斯的三大群岛之一。吉尔伯特群岛人口8.3万人，占基里巴斯人口的一半左右。吉尔伯特群岛是基里巴斯最重要的群岛，位于太平洋中西部，处在美国和澳大利亚的海上交通线中间，西北是马绍尔群岛，西面是瑙鲁，西南是所罗门群岛，东南为图瓦卢，具有重要的战略位置。吉尔伯特群岛的首府是塔拉瓦（Tarawa）。

吉尔伯特群岛由塔拉瓦环礁（Tarawa Atoll）、布塔里塔里环礁（Butaritari Atoll）、阿贝马马环礁（Abemama Atoll）、塔比特韦亚环礁（Tabiteuea Atoll）、马拉凯环礁（Marakei Atoll）、尼库瑙岛（Nikunau Island）、阿拉努卡环礁（Aranuka Atoll）和库里亚岛（Kuria Island）等16个珊瑚礁或岛屿组成。吉尔伯特群岛的地质为珊瑚砂质，群岛上生长着茂盛的热带植物，为潟湖和大量的珊瑚礁所环绕。群岛地势平坦，平均海拔3～4米，属于低平环礁。

3000年前，马来人和波利尼西亚人已经在此定居。16世纪，西班牙探险家发现了吉尔伯特群岛中的一些岛屿。1765年，英国舰队司令约翰·拜伦（John Byron）率"多尔芬"（Dorfen）号在太平洋探险的过程中发现了尼库瑙岛。1788年6月17日，英国的吉尔伯特船长率"夏洛特"（Charlotte）号到达此地，发现了阿拉努卡环礁和库里亚岛，随后他们在6月20日到达塔拉瓦环礁和马拉凯环礁，并将其命名为吉尔伯特群岛。1799～1826年，欧洲人陆续发现了其他岛屿，基督教也随之传入。1892年，吉尔伯特群岛连同埃利斯群岛成为英国的保护区。1916年，吉尔伯特群岛及埃利斯群岛成为英国的殖民地。

1941年12月，日军占领吉尔伯特群岛的布塔里塔里环礁（旧称"马金岛"）和塔拉瓦环礁，并在岛上修建机场，这一举动对美国、澳大利亚之间的交通线构成了威胁。1943年6月,美国参谋长联席会议决定由太平洋舰队总司令海军上将——切斯特·威廉·尼米兹(Chester William Nimitz)任总指挥,夺取该群岛,吉尔伯特群岛战役由此拉开帷幕。1943年11月25日,日本战败,美军占领了吉尔伯特群岛,代价是3200余人伤亡。1979年,吉尔伯特群岛宣告独立,改名为基里巴斯共和国,但直到1983年美国宣布放弃对菲尼克斯群岛和莱恩群岛的主权,这两个群岛才成为基里巴斯的一部分。

传教士来此之前,群岛居民拥有自己的信仰,他们认为自己的祖先是白皮肤、红头发的人,祖先们被赋予自然力量,并有着具有神圣色彩的名字(如太阳、月亮),拥有超越黑暗和光明的力量。18世纪时,海勒姆·宾厄姆二世(Hiram Bingham Ⅱ)来此传教,他是第一个将翻译版的《圣经》传给群岛居民的人。如今,群岛的居民多信奉基里巴斯新教和基督教。

吉尔伯特群岛的土著居民是吉尔伯特人(Gilbertese),他们自称通加鲁人(Tungarus),又称基里巴斯人,属于密克罗尼西亚人种。群岛官方语言为英语,通用语言为基里巴斯语。岛上所有的教育都是在殖民教育署的监督下进行的,其目的是培养当地人,使其在政府和商业中就业,提高整个群岛的教育水平。群岛居民喜欢吃鱼,但不太爱吃蔬菜。他们勤劳勇敢,热情友善,每逢佳节,当地人便身着传统服饰,唱歌跳舞,场面十分热闹。

在欧洲殖民者入侵之前,群岛的经济以种植业和渔业为主,种植的主要农作物有红薯、芋头、椰子和面包树等,捕猎的有海豚、章鱼和沙丁鱼等。群岛的手工业也比较发达,群岛居民利用珊瑚、龟甲、贝壳和椰子叶等作为原材料来制作手工艺品。当地的独木舟建造技术闻名遐迩,航海技术精湛,部分岛民能够根据潮水味道或者星辰位置来确定海上航行的方向，而且善于避开洋流和暗礁。20世纪初期到中期，政府在巴纳巴岛大量开采磷矿，对外出口。磷酸盐的出口成为群岛的主要经济来源。但到1979年底，巴纳巴岛磷矿枯竭，出口贸易额锐减，外贸出现逆差。

独立之后，吉尔伯特群岛政府致力于经济发展的多元化，积极发展旅游业，鼓励开发海洋资源，并不断拓宽外汇收入来源。但群岛的经济力量薄弱，仍需要一些外援国家帮助扶持群岛上的经济发展，主要的外援方有澳大利亚、日本、韩国和欧盟等。其中，日本在基础设施建设方面投入了大量资金，援建了塔拉瓦发电厂，其发电量足够塔拉瓦大多数居民使用。

吉尔伯特群岛自然旅游资源丰富，是一块远离现代文明的净土。群岛拥有金黄色的柔软沙滩、波光粼粼的蓝色海水和美丽的水下珊瑚。此外，群岛中部的阿拉努卡环礁上有一片高15米以上的红树林，十分壮观。群岛的人文旅游资源具有浓厚的历史色彩。群岛中的马金岛和塔拉瓦环礁等岛礁"见证"了惊心动魄的太平洋战争，岛上遍布战争遗迹，无言地诉说着那个艰难的时代。

吉尔伯特群岛的珊瑚礁气候温和宜人，可以开展各种水上活动。这里的环礁湖湖水蓝而通透，是世界一流的游泳和潜水地。吉尔伯特群岛的交通以海运为主，塔拉瓦是主要的港口，经营着岛屿间的客运和货运业务。政府也正在努力发展岛上的公路运输。目前，塔拉瓦有一座国际机场——拜里基国际机场（Bonriki International Airport），这个国际机场是基里巴斯与外界沟通的纽带。

（二）景点

吉尔伯特群岛的主要景点见图2-1。

图 2-1　吉尔伯特群岛主要景点分布

1. 红海滩

红海滩（Red Beach），又名塔拉瓦战役遗迹。塔拉瓦战役是一场发生在吉尔伯特群岛的战役，是第二次世界大战中太平洋战争的一部分，也是二战时美军在中太平洋战区的第一次军事攻击行动，战役的参战国双方是美国和日本。战役开始于1943年11月20日，结束于11月23日美军完全控制塔拉瓦。塔拉瓦战役中，美、日军队超过6000名士兵葬身于此，鲜血染红了整个塔拉瓦海岸，红海滩由此得名。红海滩分为3个区域，每个区域都有战争时遗留的大炮、航空母舰的残骸，可见当年战争的惨烈。

2. 基里巴斯文化博物馆

基里巴斯文化博物馆（Kiribati Cultural Museum）面积不大，是基里巴斯的文化教育机构，也是传统的社区活动中心。博物馆中收藏有大量的文物，陈列的展品有250件，这些展品大部分是来自基里巴斯和南太平洋地区的历史遗物，包括木船、武器、战服等，还有一部分来自美国、新西兰、澳大利亚等国的博物馆。基里巴斯人和游客都可以在这里参观展览。

> 营业时间：周一至周六，8：00~16：00
> 门票：免费

3. 国会大厦

国会大厦（Parliament Building）由日本公司修建，竣工于2000年，是基里巴斯最具代表性的建筑，仿照了基里巴斯传统木屋和木船的建筑风格。国会大厦地理位置优越，周围是美丽的珊瑚礁，可以俯瞰远处的海洋，是基里巴斯的一院制议会厅，基里巴斯每年的国会都会在这里举行。

> 营业时间：周一至周六，8：00~16：00
> 门票：免费

4. 台湾公园

台湾公园建立于2005年，是最受基里巴斯人欢迎的聚会和野餐的地点。公园内展示有二战时遗留的大炮等，紧邻公园的高速公路是第二次世界大战后日本援助建造的。

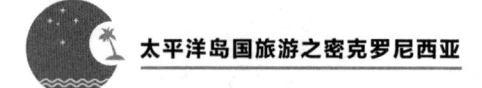

5. 红树林种植区

红树林被称为"海岸卫士",根系发达,能在海水中生长,可以挽救即将被淹没的土地,减弱海水的侵蚀。红树林种植区位于塔拉瓦国际机场附近,内部有林业人员定期维护红树林的生长,也会为旅行者讲解有关红树林的各种知识。

6. 基里巴斯环境、土地和农业发展部

基里巴斯环境、土地和农业发展部(Ministry of Environment, Lands and Agricultural Development)是基里巴斯政府的重要部门之一,职责是促进土地和农业发展,任务是维护国民生存所依赖的自然环境,以确保国民健康和安全。

电话:(686)28000
网址:http://www.environment.gov.ki/
门票:免费

7. 日军二战纪念地

日军二战纪念地(Japanese WWⅡ Memorial)保存有第二次世界大战时美、日两军的战斗遗迹和一部分战争中使用的武器,纪念地在南塔拉瓦、北塔拉瓦各有一个。第二次世界大战后,日本援助基里巴斯的基础设施建设,同时建立了这个纪念地,目的是提醒双方珍惜现在的和平。

开放时间:全天
到达方式:步行或骑车
门票:免费

8. 断桥

断桥本是连接塔比特韦亚环礁和阿坝桃文化村的一座桥梁，后来从中间断开，但断桥所处的位置河面较浅，当地人经常从断桥中间一跃而下，享受刺激又惊险的"跳桥"乐趣。有时，孩子们会一个接一个地从桥上跳进海里，他们不害怕海水，这在旁人看来可能是一场有些滑稽的跳水表演，但对于他们来说，则是完全在享受"跳桥"的乐趣。断桥下的水清澈无比，周末会有很多当地人在这里游泳和野餐。

开放时间：全天
到达方式：步行或骑车
门票：免费

9. 阿坝桃文化村

阿坝桃文化村（Abatao Village）紧邻南塔拉瓦，村内是一派原始生活的景象。一栋栋茅草屋交错排列在高耸的椰子树和茂密的丛林中间，袅袅的炊烟不时从屋顶升起。村民们的生活简单快乐，他们的草席、篮子甚至床垫等生活用品都用棕榈叶手工编织而成，村民们经常和好友喝酒、唱歌、跳舞，好友之间互送礼物也是村落中的习俗。如果是团队前往文化村，村内一般会安排丰富的表演节目。

开放时间：全天
到达方式：步行或骑车
门票：免费

10. 殖民纪念碑

基里巴斯的殖民纪念碑（Colonial Monument）是为纪念19世

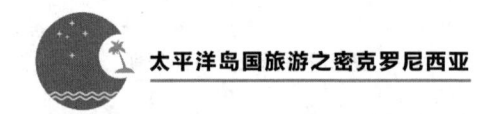

纪基里巴斯人被英国殖民统治的历史而设立的,位于原英国殖民政府首都所在地——北塔拉瓦的塔亚泰村（Taratai Village）。

> 开放时间：全天
> 到达方式：步行或骑车
> 门票：免费

11. 鲍恩·奇威国王圣陵

鲍恩·奇威国王圣陵（Baon King Kewe Shrine）位于北塔拉瓦的布阿里基村（Buariki village），是纪念基里巴斯国王的地方。传说当年基里巴斯国王因为失眠，半夜出门寻找能够入睡的地方，最终在一根大圆木上睡着了。当国王在睡梦中时，圆木漂进海里，国王随圆木就此消失，村民到处寻找国王的下落却不得，使用占卜术也难以追寻到国王的踪迹，最后一群鸟将国王带了回来。国王认为自己受到了神的眷顾，从此勤政爱民，为民众谋得很多福利，很受民众爱戴和敬仰。

> 开放时间：全天
> 到达方式：步行或骑车
> 门票：免费

12. 尤托恩·卡瓦议会圣坛

尤托恩·卡瓦议会圣坛（Eutan Karawa Maneaba Altar）位于北塔拉瓦的布阿里基村，可以容纳100人左右，拥有几百年的历史，是基里巴斯最古老的社区会议房，也是乡村生活的中心和国家治理的基础。圣坛气势雄伟，巨大的屋顶采用石板铺成的珊瑚作为支撑，屋顶上覆盖着一层棕榈叶编织物，屋内中间层高约5米，两边较窄，对阻挡风雨侵袭起到了很好的作用。

开放时间：全天
到达方式：步行或骑车
门票：免费

(三) 体验

1. 海钓、矶钓

比休岛海钓俱乐部是位于塔拉瓦的海钓俱乐部，提供海钓和矶钓服务。

营业时间：每天16：30~18：00
电话：（686）50707
网址：http://www.betiofishos.com/

2. 参观神社

除了上述的鲍恩·奇威国王圣陵和尤托恩·卡瓦议会圣坛外，基里巴斯还有许多其他神社（见表2-1），参观神社也是一种别样的体验。

表2-1 基里巴斯的神社

圣坛	简介	地址
特·卡马里亚神社（Te Kamaraia Shrine）	北塔拉瓦的圣坛之一	北塔拉瓦，布阿里基村（Buariki Village）
内太古神社（Nei Temakua Shrine）	北塔拉瓦的圣坛之一	北塔拉瓦，布阿里基村（Buariki Village）
阿缇尼米贝奥神社（Atinimebeo Shrine）	北塔拉瓦的圣坛之一	北塔拉瓦，布阿里基村（Buariki Village）

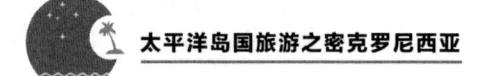

（四）住宿

1. 乔治酒店

乔治酒店（The George Hotel）位于比休岛，地理位置优越，距离比休岛码头（Betio Wharf）15分钟的步行路程，距离拜里基国际机场30分钟车程，距离商店和餐饮场所不到10分钟的步行路程。

酒店拥有19间客房，配有餐厅、24小时前台、酒吧、健身中心、按摩室和内部小超市等，提供租车服务、免费机场班车服务、儿童看护服务和每日清洁服务等。酒店的内部餐厅供应当地和国际风味的美食，可以应客人要求提供特别的菜单，也可以为客人提供在房间内享用早餐的服务。

> 可使用的信用卡：美国运通卡、维萨卡、万事达卡
> 注意事项：酒店允许客人免费携带宠物入住，Wifi收费，提供免费的私人停车设施，每间客房最多允许加一张床

2. 潟湖微风小屋

潟湖微风小屋（Lagoon Breeze Lodge）位于阿坝桃文化村，距离国会大厦有5分钟车程，距离拜里基国际机场有15分钟车程，距其50米之外有一个美丽的潟湖。小屋共有12间客房，内部有配有电视的公共休息区、旅游咨询台、公用厨房，提供免费机场接送服务、熨衣服务和汽车租赁服务等，还提供早餐。

> 可使用的信用卡：维萨卡、万事达卡
> 注意事项：酒店允许客人免费携带宠物入住，Wifi收费，提供免费私人停车设施，每间客房最多允许加一张床

3. 费马山林小屋

费马山林小屋（Fema Lodge）由家庭经营，位于南塔拉瓦岛，距离国会大厦 2 分钟车程，距离渔业及海洋资源发展部（Ministry of Fisheries & Marine Resources Development）6 分钟车程，距离拜里基国际机场 20 分钟车程。山林小屋配有花园、旅游咨询台、公共休息区和共享厨房，提供免费机场接送服务、礼宾服务、熨衣服务和租车服务等。游客可以在旅游咨询台预订潜水之旅和村庄游览活动，也可以享用免费谷类早餐。小屋拥有 15 间客房，所有客房都配有电视和书桌。

> 支付方式：信用卡，如维萨卡、万事达卡、JCB 卡；现金
> 注意事项：小屋不允许携带宠物入住，提供收费的 Wifi，提供免费私人停车设施，每间客房最多允许加一张床

4. 塔拉瓦精品酒店

塔拉瓦精品酒店（Tarawa Boutique Hotel）位于拜里基岛，酒店内部配有带平板电视的休息室和餐厅等，提供免费班车服务、客房服务和每日清洁服务。酒店共有 40 间客房，所有空调客房都配备有水壶和带免费洗浴用品的私人浴室。

> 可使用的信用卡：维萨卡、万事达卡。
> 注意事项：酒店不允许携带宠物入住，提供收费的 Wifi，提供免费私人停车设施，每间客房最多允许加一张床。

（五）餐饮

吉尔伯特群岛的餐饮业初具规模，主要的餐厅有以下几家，具体信息见表 2-2。

表2-2 吉尔伯特群岛上的主要餐厅

餐厅名称	风格或类型	地址/电话	营业时间	特色
The George Hotel Kiribati	以西餐为主	乔治基里巴斯酒店内/（686）26340	9:00~20:30	餐厅是具有现代都市感的小资餐厅，内部设有酒吧吧台和露天就餐区，主营汉堡、牛排等西餐
Wishing Star 39	以粤菜为主	距基里巴斯国家体育馆50米	9:00~20:30	餐厅提供比较经济实惠的美食，主食有炒面和炒饭等，厨师来自广州，能说流利的基里巴斯语
Aboy's Kitchen	以粤菜为主	距比休岛银行50米	9:00~20:30	美食有特色煲汤、烤鸭和自制鲜嫩的豆腐等
House Parliament Bar & Restaurant	以西餐为主	国会大厦内	9:00~20:00	酒吧氛围十分温馨，供应美味可口的西式蛋糕与咖啡，是比较具有当地特色的晚间聚会地点。客人可席地而坐，也可选择面朝大海的观景座位
Chatterbox Café	咖啡馆	南塔拉瓦，比凯尼贝（Bikenibeu）	7:00~16:30	咖啡馆面朝大海，是午后小憩的绝佳地点，店内摆放有一些书籍和当地的特色纪念品，特色是香蕉奶昔

（六）购物

吉尔伯特群岛是一个购物的好去处，主要的购物店有以下几家，具体信息见表2-3。

表 2-3　吉尔伯特群岛上的主要商店

商店名称	风格或类型	电话/地址	营业时间	特色
Bairiki TUC Market	工艺品店	市中心大型超市门口的集市	6:00~15:00	每天都有小商贩售卖工艺品、水果以及新鲜捕捞上来的鱼。市中心来往穿行的车辆与商贩们此起彼伏的售卖声，是一番热闹的市井景象
Tobaraoi Travel Building	工艺品店	(686)28715	周一至周五，9:00~16:00；周末休息	主营商品有棕榈叶编织的首饰、玩偶、吊件等，也有独木舟模型等基里巴斯特有的工艺品
Wishing Star Supermarket	大型超市	比休岛码头附近	周一至周日，9:00~16:00	主要商品有食品、文具等日常用品，货物补给十分及时，货源充足且价格实惠，餐厅也往往从该超市进货
Super Mall	食品超市	南塔拉瓦	周一至周日，9:00~16:00	市中心最大的食品超市，出售蔬菜、水果等生鲜食品和日用品

二　莱恩群岛

(一) 速写

莱恩群岛英文名为"Line Islands"，又译作"线岛群岛"，是太平洋群岛中最长的群岛之一。莱恩群岛的主岛是圣诞岛（也称为"基里蒂马蒂环礁"），是太平洋最大的环礁。莱恩群岛纵跨赤道，原本位于国际日期变更线以东，1995年基里巴斯政府把日期线东移，以消除与首都塔拉瓦在日期上相差一天的不便。因此，莱恩群岛成为全球唯一使用东十四区（UTC+14）的地方，这使基里巴斯成为全球最早开始新一天的国家。莱恩群岛位于基里巴斯最东部，东距菲尼克斯群岛约1800公里，北距夏威夷约1600公里，南距库克群岛约2260公里。

莱恩群岛由11个岛礁组成，其中8座岛礁的主权属于基里巴斯。在地理位置上，它们分为北、中、南三部分。北部包括泰拉伊纳岛（Teraina Island，即华盛顿岛）、塔布阿埃兰环礁（Tabuaeran Atoll，即范宁岛）和圣诞岛，中部包括莫尔登岛（Malden Island）和斯塔巴克岛（Starbuck Island），南部包括沃斯托克岛（Vostok Island）、弗林特岛（Flint Island）和加罗林环礁（Caroline Atoll）。

莱恩群岛陆地面积约为515平方公里，群岛总人口接近9000人，主要居住在圣诞岛、塔布阿埃兰环礁、泰拉伊纳岛和巴尔米拉环礁（Palmyra Atoll）。莱恩群岛整体呈西北—东南走向，自法属波利尼西亚向西北延伸约2600公里，是世界最长的岛屿链。莱恩群岛地势平坦，属于低平的珊瑚岛，土地贫瘠多沙，没有河流和高山，各岛被珊瑚环礁围绕，潟湖分布其中。在泰拉伊纳岛上有一个大型的淡水湖——华盛顿湖，这是基里巴斯唯一的淡水湖。

莱恩群岛属于热带海洋性气候，温和多雨，没有明显的四季变化。年平均气温25℃左右，年平均降雨量1600毫米。莱恩群岛鱼类的总量和多样性在全球所有的珊瑚礁中名列前茅，仅南莱恩群岛鱼的种类就达325种。在群岛生活的濒危的曲纹唇鱼，是世界最大的岩礁鱼类之一。莱恩群岛环境优越，气候温暖，是众多海鸟的栖息地，其中圣诞岛是太平洋最大的海鸟乐园，约600万只海鸟在此栖息。

在地理大发现热潮的带动下，西方探险家开启了对太平洋群岛的探索之路。1521年，西班牙探险家费迪南德·麦哲伦（Ferdinand Magellan）环球航行时发现了弗林特岛。1777年圣诞节前夕，詹姆斯·库克（James Cook）船长登上莱恩群岛主岛，并把此岛命名为圣诞岛。在随后的48年里，莱恩群岛的各个岛屿相继被西方探险家发现，但这些探险家并没有占领该群岛，仅是给发现的岛屿起了具有纪念意义的名字。

19世纪中后期，帝国主义国家开始瓜分世界，进行殖民扩张。英国和美国分别侵占莱恩群岛的部分岛屿，并宣称拥有主权。第二次世界大战期间，美国占领圣诞岛（原为英国殖民地），并在岛上修建飞机跑道、港口设施、空军气象站和通信中心，以及休息场所和加油站设施，圣诞岛成为飞机在夏威夷和南太平洋之间的中途站。1956~1962年，英、美两国将莱恩群岛作为核武器试验基地，共进行了30次核试验，其中圣诞岛是主要的核试验点。核试验使本就不富裕的莱恩群岛在经济、文化等各个方面遭受了不同程度的损失。

1972年，美国宣布对莱恩群岛中的10组环礁拥有主权。1979年，基里巴斯同美国签订《塔拉瓦条约》，条约于1983年9月23日生效，美国正式放弃了对其中7组环礁的领土要求，基里巴斯则承认美国对金曼礁（Kingman Reef）、巴尔米拉环礁和贾维斯岛（Jarvis Island）三组环礁的主权。

莱恩群岛民族构成简单，主要是波利尼西亚人，还有少数的欧裔和华裔。莱恩群岛的传统茅舍较为低矮，但屋顶很高，人在里面的活动不受影响，这种房子可以遮挡阳光的强烈照射和暴雨猛烈的侵袭。

19世纪50~80年代，莱恩群岛的几座岛因盛产鸟粪得到开发。与此同时，莱恩群岛引进椰树和棕榈树，生产椰干和棕榈油。但在殖民统治下，莱恩群岛的经济发展仍受牵制。基里巴斯独立后，莱恩群岛大力发展经济，种植杧果、芋头、槟榔、咖啡等，对外出口椰干、可可以及鸟粪。莱恩群岛渔业资源丰富，但捕捞业落后，当地居民只能进行小规模捕捞，基本为自食。2014年，基里巴斯政府在南莱恩群岛区域12海里内建立了禁止捕鱼区，以保护地球仅存的最原始纯净的海洋环境。莱恩群岛的加罗林环礁和斯塔巴克岛盛产磷酸盐。1872～1895年，加罗林环礁共开采出1万吨磷酸盐。但由于过度开采，磷酸盐枯竭，现在岛上已无人居住。

莱恩群岛主要的服务业是旅游业。圣诞岛是莱恩群岛中最著名的岛屿，拥有世界上最大、现存最古老的的珊瑚礁。莱恩群岛环境优美，地貌多样，是一流的潜水场，游客可以在此欣赏到美丽的珊瑚礁和各种海底生物。莱恩群岛海水纯净，鱼类丰富，是垂钓爱好者的天堂。

（二）景点

1. 千年岛

千年岛（Millennium Island）也被称为"卡罗琳岛"（Caroline Island），是一座由火山周围生长的珊瑚礁构成的岛。这里有纯白的沙滩海岸、蓝而通透的海水、原生态的自然生活和美丽的水下珊瑚，是地球上最早迎接日出的地方，因迎接"新千年"出名。现在这座火山已经被水淹没，只留下一个中部礁湖，最高海拔不到6米。过去，这座岛屿曾经有人居住，开采海鸟粪，现在已经是一座无人岛，并成为世界上最原始的热带岛屿之一。1999年12月31日，这个往日渺无人烟的小岛变得热闹非凡，70多名歌舞演员专程从基里巴斯首都飞来这里，在岛上举办新年音乐会。

2. 圣诞岛

圣诞岛位于太平洋中部，西距首都塔拉瓦3200多公里，靠近爪哇岛，是全球最大、最古老的环状珊瑚岛，也是全球重要的华人聚集地。1958年以前，圣诞岛属于新加坡，现为基里巴斯的一部分。圣诞岛面积约600平方公里，其中陆地面积只有388平方公里。圣诞岛是海底火山的山顶，除一些小面积的沙滩外，其余约80公里崎岖的海岸线都由悬崖峭壁环绕。

圣诞岛风光绮丽，四周为珊瑚礁所环绕，岛的外侧暗礁重重，巨浪冲天；内侧细浪轻柔，银白色的沙滩上全部是珊瑚碎片，在阳光下熠熠发光。退潮时，珊瑚礁的尖顶纷纷露出水面，琼堆玉砌，晶莹剔透，顺着银白色的海滩延伸，形成一个宽数百米的环岛珊瑚带。岛上森林繁茂，苍翠欲滴，遍地是挺拔的槟榔、叶大如伞的热带山芋和香蕉、菠萝、面包树等热带树种，栖息着多种珍稀濒危野生动植物，形成了独有的生态景观。圣诞岛已成为太平洋最大的海鸟乐园，有600多万只海鸟在此栖息。值得注意的是，每年年底到次年年初，这里都会有上亿只红珊瑚林蟹拥向海边交配，场面十分壮观。

（三）住宿

1. 库克船长酒店

库克船长酒店（Captain Cook Hotel）位于圣诞岛。酒店房间干净、朴素，设施简单，环境幽静。酒店设有餐厅、酒吧等场所，有钓鱼、游泳等娱乐项目，提供免费接机服务和环岛之旅。

2. 潟湖海景度假村

潟湖海景度假村（Lagoon View Resort）位于潟湖旁，由一对夫妇经营。酒店共有6间客房，有一个美丽的海滩和花园。酒店没有餐厅，饭菜都是由夫妇两人来做。酒店会组织潟湖之旅，带客人游览潟湖的美景。

3. 日落地平线汽车酒店

日落地平线汽车酒店（Sunset Horizon Motel）由当地教会经营，

距离码头很近，对于喜爱冲浪的人来说是一个不错的选择。酒店设施简单，提供免费接机服务。

三 菲尼克斯群岛

菲尼克斯群岛又名凤凰群岛，是基里巴斯三大群岛之一，位于太平洋中西部，吉尔伯特群岛以东、莱恩群岛以西，是典型的珊瑚环礁群。群岛陆地面积 28 平方公里，包括 8 座珊瑚环礁，分别是坎顿岛（Kanton Island）、恩德伯里岛（Enderbury Island）、伯尼岛（Birnie Island）、麦基恩岛（McKean Island）、拉瓦基岛（Rawaki Island）、曼拉岛（Manra Island）、奥罗纳岛（Orona Island）和尼库马罗罗岛（Nikumaroro Island），其中只有坎顿岛上有常住居民。此外，该区域还包括大量天然暗礁、海底山脉和一些深海栖息地。1930 年英国计划对群岛进行开发，但最终没有付诸行动。

菲尼克斯群岛是世界上最大、最健康的原始珊瑚群岛生态系统之一，大约有 120 种珊瑚生活在这一区域。这里拥有完整的热带海洋原始生物体系和多种珍稀的水生动物，如隆头鹦哥鱼（Bumphead Parrotfish）、濑鱼（Wrasse）、刺尾鱼（Surgeonfishes）、鹦嘴鱼（Amphilophus）、毛利濑鱼（Maori Wrasse）、蝠鲼等海洋鱼类，其中一些物种在其他地区极其罕见，如巨大的珊瑚礁蛤蜊（Giant Clam）和太平洋睡鲨（Somniosus Pacificus）。除此之外，菲尼克斯群岛是国际鸟盟（BirdLife International）重要的鸟区之一，有 19 种鸟类生活在这一区域，其中包括世界最大的小军舰鸟（Fregata minor）（栖息地位于麦基恩岛）和濒危的菲尼克斯海燕（Phoenix Swallow）。

菲尼克斯群岛在 2010 年入选联合国教科文组织《世界自然遗

产名录》，是新增的五处自然遗产之一，也是《世界自然遗产名录》中面积最大的一个海洋保护区。菲尼克斯群岛岛屿数量众多，是地球上"最健康"的珊瑚群岛之一，也是南太平洋地区陆地和海洋生物的栖息地，岛上生活的动物种类约有800种，其中包括500种鱼类和18种海洋哺乳动物。

第四节　出行指南

一　行前准备

（一）护照与签证

1. 护照

基里巴斯要求游客护照的有效期长于6个月。

2. 签证

基里巴斯与中国没有建立外交关系，也没有在中国设立外交或领事机构；中国内地公民无论持何种护照前往基里巴斯，均须在行前办妥签证；办理签证可向首席移民官员、外事和移民部以及基里巴斯驻外名誉领事馆（斐济苏瓦、澳大利亚、德国汉堡、日本东京、韩国首尔、新西兰奥克兰、英国和美国夏威夷檀香山）递交申请。

办理签证所需的材料包括有效护照、签证申请表、无犯罪记录证明、返程机票、银行存款证明或相关财力证明、酒店预订证明。持香港特别行政区或澳门特别行政区护照者可免签入境基里巴斯，但停留时间不能超过30天。

（二）物品携带

入境基里巴斯必备和禁止携带的物品种类见表2-4。

表2-4 入境基里巴斯必备和禁止携带的物品种类及规定

种类	具体内容
必备物品	文件类：机票、车票、护照、身份证、酒店订单、介绍信、旅游指南手册、地址电话通信册 货币：外币现金（澳大利亚元）、信用卡（美国运通卡、大莱卡、万事达卡、维萨卡） 小用具：防水相机、旅行闹钟、手电筒、剃须刀、计算器、电池、指甲刀、开罐器、小型电热杯、小型衣架、针线包、吹风机、纸、笔 穿戴类：备换鞋、睡衣、防晒衣、领带、围巾、遮阳帽、手套、泳衣、生理用品、毛巾、化妆品、高倍防晒霜、太阳镜、梳子、牙刷牙膏 饮食：饮料、食品 必备防蚊虫用品：含有避蚊胺的驱蚊剂（如蚊香）、蚊帐 必备药用品：感冒通、创可贴、乘晕宁、息斯敏、黄连素、创可贴、体温计 电压转换器（基里巴斯的三相电压标准为240伏，电源接口类型为扁头，国内电器制品需要接入电压转换器才能正常使用）
入境物品限制	入境基里巴斯可携带200支香烟或者225克烟草或雪茄；1瓶酒，不超过1公升（仅适用于21岁以上成年人）；1副望远镜；1部照相机和6个未曝光的胶卷；1部电影摄像机和200米长的未曝光的胶卷；1台便携式收音机、1台便携式录音机；1台便携式打字机；适当数量的运动器械
其他限制要求 （没有农业、渔业和森林部的许可，禁止进口蔬菜、种子或动物产品）	动植物检验检疫：猫和狗只可来自澳大利亚、斐济和新西兰并且需要在装运前至少一个月获得进口许可证；过境的猫和狗不得离开飞机 金融管制规定：对当地货币澳大利亚元和其他货币没有限制 防疫要求：来自疫区的一岁以上旅客需要出示黄热病国际预防接种证书
禁止携带入境物品	任意大小的刀具、金属物体、备件、雨伞、边缘锋利的弯曲物体等 任何武器、弹药、麻醉药品和毒品等

二 出入境交通

拜里基国际机场位于吉尔伯特群岛，是基里巴斯唯一的国际机场，它的三字代码为TRW，四字代码为NGTA。机场内有两个客运候机楼、一个货运楼、两个登记手续办理柜台、一个登机口。此外，机场还设有贵宾休息室、急救中心，附近有旅行社，提供租车服务、出租车服务。提供航班服务的航空公司有基里巴斯航空公司、马绍尔群岛航空公司、瑙鲁航空公司和斐济太平洋航空公司。斐济太平洋航空公司每周有两趟航班往返基里巴斯和斐济楠迪；瑙鲁航空公司主要运营首都塔拉瓦至马绍尔群岛、瑙鲁和图瓦卢的国际航线；基里巴斯航空公司主要运营首都塔拉瓦至马绍尔群岛、瑙鲁、图瓦卢以及基里巴斯国内的航线。

中国飞往基里巴斯的航空公司和国际航线见表2-5。

表2-5 中国飞往基里巴斯的航空公司和国际航线

推荐航线	航程	注意事项
航线一	中国北京 - (约2h) - 韩国仁川机场 - (约5h) - 基里巴斯国际机场	韩国仁川机场：过境免签。游客入境韩国需要提前准备韩国过境签证等有效证件，经韩国换乘航班前往第三国时，无法办理行李直挂，需要在到达机场时提取行李
航线二	中国上海 - (约2h 10min) - 韩国仁川机场 - (约5h) - 基里巴斯国际机场	
航线三	中国上海 - (2h 45min) - 香港 - (约4h) - 基里巴斯国际机场	游客从香港、澳门过境，前往第三方国家，拥有基里巴斯机票和有效签证，持护照就可以在香港免签停留不超过七天，不需要港澳通行证，行李直挂，去程和返程待遇一样
航线四	中国上海 - (2h 25min) - 中国澳门 - (约4h) - 基里巴斯国际机场	
航线五	中国上海 - (1h 50min) - 台北 - (约3h) - 基里巴斯国际机场	游客在台湾中转时，不需要海关申报和入境证件查验等；游客若需要入境存取行李，则需要入台证

全球各地飞往基里巴斯的航空公司有斐济航空、澳大利亚航空、中国国际航空、山东航空、南方航空、东方航空、上海航空、美佳航空、韩亚航空、大韩航空、维信航空、玛尔斯克航空、太平洋航空、台湾"中华航空"、达美航空、狮子航空、基里巴斯航空、大陆航空、飞鸟航空等。

相关信息可以在航空公司官网查询，如中国国际航空，http：//www.airchina.com.cn；斐济航空，http：//www.fijiairways.com；澳大利亚航空，http：//www.qantas.com.au。

需要注意的一点是，基里巴斯位于东十四区，时间比北京早6个小时。基里巴斯的离境机场，对所有在基里巴斯登机的乘客征收20澳元的机场税。

三　境内交通

（一）航空交通

基里巴斯全国有2个国际机场，分别设在首都塔拉瓦和圣诞岛；全国有11个小机场，分设在外岛。基里巴斯航空公司有货机和客机共3架，其中2架飞机主要经营岛屿之间的航线。

基里巴斯主要的机场见表2-6。

表2-6　基里巴斯的主要机场

机场名称	简介
拜里基国际机场	又称塔拉瓦机场，位于南塔拉瓦
马拉凯机场（Marakei Airport）	位于马拉凯环礁北部
贝鲁机场（Beru Airport）	位于贝鲁岛
布塔里塔里机场（Butaritari Airport）	位于布塔里塔里环礁，第二次世界大战期间由美国建造
阿罗赖机场（Arorae Airport）	位于阿罗赖岛

续表

机场名称	简介
阿贝马马机场（Abemama Airport）	位于阿贝马马环礁北部
阿拜昂机场（Abaiang Airport）	位于阿拜昂环礁，提供基里巴斯国内航线服务
阿拉努卡机场（Aranuka Airport）	位于阿拉努卡环礁
塔比特韦亚南机场（Tabiteuea South Airport）	一座民用机场，位于塔比特韦亚岛

（二）海上交通

基里巴斯航运公司共有客轮、货轮10艘，主要经营各岛屿之间的客运和货运业务。渡船是基里巴斯岛屿之间往来的重要交通方式，尤其是在外岛和一些比较偏远的地区，大大加强了岛屿之间的联系。

（三）陆上交通

1. 汽车

基里巴斯的主要岛屿都会提供汽车租赁业务，租赁公司一般设在机场和塔拉瓦市中心，租赁起步价一天约为88澳元。

> 注意：租车费不包括汽油费；游客若想自行驾驶，需持本国驾驶证，若没有本国的驾驶证，则不能自行驾车，只能雇用司机；基里巴斯的汽车驾驶座位于左侧，游客在开车时要靠右行驶。

2. 出租车

塔拉瓦出租车数量比较少，而且价格比较昂贵，出租车的服务时间一般为早上6点到晚上6点。

> 注意：为了避免纠纷，游客在上车前需要提前与司机沟通好收费事宜，也需要提前询问好行李是否属于收费项目。

四 货币和汇率

（一）货币

基里巴斯的法定货币是澳大利亚元，由澳大利亚储备银行发行。基里巴斯流通的货币有钞票和硬币两种。钞票的面额有五种，分别为5澳元、10澳元、20澳元、50澳元、100澳元；硬币的面额有六种，分别为5澳分、10澳分、20澳分、50澳分、1澳元、2澳元。澳元采用十进制，辅币进位为1澳元等于100澳分。在基里巴斯，兑换货币的金额无兑换者年龄限制。

（二）汇率

2017年3月24日，美元、欧元、人民币与太平洋法郎汇率如表2-7所示。

表2-7 美元、欧元、人民币与太平洋法郎汇率

货币	面值	当前汇率	对应的太平洋法郎
澳元	100	84.5030	8450.30
美元	100	110.0800	11008.00
欧元	100	119.3300	11933.00
人民币	100	15.9740	1597.40

注：数值仅供参考，具体数值因汇率变动存在差异。
资料来源：中国外汇交易中心：http://www.chinamoney.com.cn。

（三）兑换

游客在基里巴斯兑换外币很方便。银行是基里巴斯兑换外币最理想的去处，基里巴斯的国际机场内也拥有货币自动兑换处，这两个地方都可以为游客提供货币的兑换服务。基里巴斯的一些酒店和商店也提供货币兑换服务，但它们在进行货币兑换时，通常不按照官方汇率进行兑换。

五　语言帮助

（一）基里巴斯常用语

在基里巴斯，常用语如表 2-8 所示。

表 2-8　基里巴斯常用语及汉语对照

汉语	基里巴斯语
你好	Ko na mauri
你好（非正式）	Mauri
再见	Ti a kaboo
再见（非正式）	Ti a boo
是	E eng
否	Tiaki
谢谢	Ko bati n rab'a
谢谢（非正式）	Ko rab'a
我的名字是……	Arau ngai...
我的名字是……（非正式）	Arau...

（二）基里巴斯常用语句

在基里巴斯，常用的语句如表 2-9 所示。

表 2-9　基里巴斯常用语句及其汉英对照

汉语	英语	基里巴斯语
欢迎	Welcome.	Mauri
你好吗？	How are you?	Ko uara?
回复"你好吗？"	Reply to "How are you?"	Ko rab'a, I marurung. Ao ngkoe, ko uara?
你叫什么名字？	What's your name?	Antai aram?

127

续表

汉语	英语	基里巴斯语
你来自哪里？	Where are you from?	Kaain iia ngkoe?
我来自……	I'm from...	Ngai boni kaain... Boni kaain...ngai
请	Please	Taiaoka
干杯！祝健康！ （饮酒时使用的祝酒语）	Cheers! Good Health! (Toasts used when drinking)	Marurung!
谢谢你。	Thank you.	Te raoi.
对不起，打扰一下。	Excuse me.	Taiaoka.
我不明白……	I don't understand	I aki oota
我不知道。	I don't know.	I aki ataia.
你会说基里巴斯语吗？	Do you speak Kiribati?	Ko rabakau n taetae ni Kiribati?
是，会一点。 （回复"你会说……吗？"）	Yes, a little. (reply to "Do you speak...?")	E eng, ti teutana.

六　网络及通信

（一）电话

基里巴斯电信服务有限公司（Telecom Services Kiribati Limited，TSKL）成立于1990年，是基里巴斯唯一提供通信服务的公司，不仅提供传统的电信服务，还提供电报、传真等服务，此外还销售、维修通信设备和零配件等。TSKL由基里巴斯和澳大利亚合资建造，基里巴斯占公司股份的51%，澳大利亚占公司股份的49%。TSKL董事长由基里巴斯交通部部长担任，总经理由澳大利亚人担任。

TSKL经营传统的移动电话网络，已经在塔拉瓦和外岛安装了28部付费电话，电话卡是基里巴斯唯一可用的付款方式。TSKL还经营国际直拨服务，允许具有国际电话的用户直接调用，这也使岛屿间的高频无线电通话成为可能。2005年，无线电话已取代5个外岛上的现代传统电话。

从中国往基里巴斯拨打电话的方法："国际电话识别号码00+基里巴斯的国家代码686+地区号码（去掉前面一个0）+对方的电话号码"；从基里巴斯往中国拨打电话的方法："国际电话识别号码00+中国的国家代码86+地区号码（去掉前面第一个0）+对方的电话号码。"

必须注意的是，中国移动和中国电信都不提供在基里巴斯的国际漫游服务。

（二）网络

塔拉瓦有移动GSM的手机服务，群岛的其他地区也有高频无线电服务。此外，在基里巴斯的南塔拉瓦岛等5个岛可以访问公共网络。

（三）邮政

基里巴斯的国际邮政编码为999189。

在实际操作中，从中国邮寄到基里巴斯的国际邮件，只需要在信封上用中文写上邮寄到基里巴斯城市的名称、地址，即使不填写基里巴斯的邮政编码，也一样可以递送到基里巴斯。为了便于邮件在基里巴斯内部递送，需要使用基里巴斯当地使用的语言写清详细地址，最好填写当地的邮编，以便基里巴斯的邮局分发和邮递员递送。

七　安全信息

（一）关于健康

基里巴斯实行公费医疗，全国共有3所医院，医院共有200张病床，拥有当地医生11人、外国医生11人（其中包括6名来自中国台湾的援助医生）、护士129人。基里巴斯首都地区常见的疾病是肺结核和痢疾。

（二）关于安全

基里巴斯各岛屿平均海拔高度不足两米，大部分岛屿为低平的珊瑚岛。基里巴斯长期遭受巨浪和潮汐带来的洪水之苦，由于受到海水的严重侵蚀，近年来基里巴斯国内的许多地区出现整个村庄搬迁的情况，农作物经常遭受毁灭性灾害，岛上的部分淡水资源也被入侵的海水污染，因此岛上的自来水不能直接饮用。

（三）联系电话

基里巴斯部门及其紧急求救电话具体见表2-10。

表2-10　基里巴斯各部门紧急求救电话

地区或部门	电话号码
当地	(686)21994
商业、工业及就业部	(686)21097
教育、科学及技术部	(686)28091
环境及自然资源开发部	(686)21099
财政及经济计划部	(686)21082
外事及国际贸易部	(686)21342
卫生、家庭计划及社会福利部	(686)28100
民政及农村发展部	(686)21092
交通运输旅游部	(686)26438
工程及能源部	(686)26192
基里巴斯银行	(686)21095
基里巴斯开发银行	(686)21345、(686)21080

密克罗尼西亚联邦

第一节 国家速写

一 国名

密克罗尼西亚联邦的英文名为"Federated States of Micronesia"，来源于希腊语，意为"小岛"，位于密克罗尼西亚岛群。

二 地理

密克罗尼西亚联邦位于赤道以北、西太平洋密克罗尼西亚岛群的加罗林群岛，共由607个大小岛屿构成，只有65个岛屿有人居住，其中4个主岛分别为波纳佩岛（Pohnpei Island）、丘克岛（Chuuk Island）、雅浦岛（Yap Island）和科斯雷岛（Kosrae Island）。

密克罗尼西亚联邦陆地面积为702.5平方公里，水域面积为298万平方公里，东西延伸约2700公里，海岸线长6112公里。截至2015年，人口为10.45万人，其中密克罗尼西亚人占97%，亚洲人占2.5%，其他人占0.5%。就城乡而言，城市人口占22%。[①]人均预期寿命71.23岁。密克罗尼西亚联邦多山地，各州的大岛均属于火山岛，主岛外围的小岛多为环状珊瑚礁岛。波纳佩岛是密克

---

① Worldometers，http://www.worldometers.info/cn/.

罗尼西亚联邦最大的岛屿，面积达 336 平方公里，岛上最高峰海拔约 791 米，也是密克罗尼西亚联邦最高峰。

密克罗尼西亚联邦属于典型的热带海洋性气候，12 月到翌年 3 月为旱季，4～11 月为雨季，年降雨量约 2000 毫米，年平均气温 27℃，一年四季气温变化不大。每 6～8 年出现一次海水温度异常导致的厄尔尼诺现象。密克罗尼西亚是台风的发源地，波纳佩州有记录的最早的台风发生在 1957 年 12 月，最大的一次台风发生在 1991 年 11 月 25 日，风速高达 32.9 米/秒。同时，波纳佩州是世界上降雨量最多的地区之一。

除了优质磷酸盐之外，密克罗尼西亚联邦的矿产资源极其有限，但是渔业资源丰富，是世界著名的金枪鱼产地，盛产蟹、贝类、龙虾、淡水鳗。

密克罗尼西亚联邦的主要民族是密克罗尼西亚人。据考证，密克罗尼西亚人的祖先于 4000 年前从东南亚陆续迁来，随后有部分美拉尼西亚人和波利尼西亚人融入。密克罗尼西亚人分为很多支系，如丘克人、波纳佩人、莫特劳克人、克斯雷人、雅浦人等。

密克罗尼西亚联邦没有官方宗教，人们可以根据自己的信仰选择宗教。密克罗尼西亚联邦绝大多数人为基督教，其中罗马天主教徒占 50%，新教徒占 47%，其他教派信徒和不信教者占 3%。由于历史上受欧洲的影响，密克罗尼西亚西部靠近菲律宾，天主教徒较多，东部新教徒较多。密克罗尼西亚联邦宗教活动频率较高，教会得到信众的广泛支持，在社会生活中起着重要的作用。历史上不同宗教或教派信众之间也发生过冲突，但现在所有公民平等地享有得到宪法保障的信仰自由，各教信众和平共处。

密克罗尼西亚联邦分为 4 个州，从西向东依次为雅浦州

（Yap）、丘克州（Chuuk）、波纳佩州（Pohnpei）和科斯雷州（Kosrae），西部两州的时间比中国早两个小时，东部两州的时间比中国早3个小时。首都帕利基尔（Palikir）位于最大的州——波纳佩州。

三　历史

早在四五万年前的冰川时期，海平面降低使密克罗尼西亚人的祖先得以通过陆桥从东南亚来到这里定居。一万年前，大冰河时代结束，海平面上升，南太平洋不同的岛屿开始形成独立的文化。约9000年前，园艺技术从亚洲传入，种植业和家畜饲养代替了原来的生活模式。大约在5000年前，来自日本、中国、菲律宾群岛的蒙古人种到达雅浦岛及其周边岛屿，随后又有部分美拉尼西亚人和波利尼西亚人迁入。

在欧洲殖民者入侵之前，该地区曾经建立起一个以雅浦为中心的经济和宗教帝国——密克罗尼西亚帝国，当时社会已经出现阶级分化，而且出现了早期奴隶制，母系氏族制度仍然普遍存在，氏族首领多为女性。与它同期共存的有以汤加塔布岛为中心的图依汤加帝国。12世纪中期，绍德雷尔王朝（Mwehin Sau Deleur）建立，统治着波纳佩岛和岛上的居民。王朝第一位统治者奥罗帕索（Olosohpa）在波纳佩岛东部建立了大型的政治和宗教中心南玛都尔（Nan Madol），从此开始了世袭统治。平民迫于统治者的压迫，不得不服劳役，忍饥挨饿，最终沦为奴隶。民众通过暗杀统治者、蔑视王权和偷盗贡品等方式来反抗压迫。此外，绍德雷尔王朝第一代统治者是一位来自外岛的酋长，他强制在全岛推行其先祖的异地宗教仪式，并放逐了一位颇受本岛人尊敬的祭司——南萨普威（Nansapwe），最终引发了宗教矛盾。若干年后，被放逐到科斯雷岛的南萨普威之子伊索克勒克（Isokelekel）率领族人浩浩荡荡地杀回波纳佩岛，绍德雷尔王朝就此灭亡。

16世纪，欧洲人踏上这片土地，最先是葡萄牙人在寻找东印度群岛时经过此地，接着是西班牙人到达现在的加罗林群岛，并在此建立了西班牙的统治。西班牙最初只是把这里当作与东亚进行贸易的基地，直到1885年西班牙才占领密克罗尼西亚联邦，并将其纳入西班牙的统治范围，使其接受菲律宾管理（当时菲律宾也是西班牙的殖民地之一）。1886年，西班牙人在雅浦岛设立管理总部，但德国人在几十年之前就已在当地贸易中占据了优势，德国人以其经济优势向西班牙人的统治发起挑战。经过教皇裁决，德国人与西班牙人在这个岛上共存，西班牙殖民统治官员控制政府，德国贸易机构控制经济。

1898年，美西战争爆发，西班牙战败，美国占据了西班牙在南太平洋的众多殖民地。1899年2月12日，西班牙与德国政府签订了《西德条约》，将今密克罗尼西亚联邦地区卖给德国，自此该地区进入德国殖民统治时期。德国将其划归新几内亚管辖，并在此进行了大规模的经济改革和社会改革，这在很大程度上缓解了当地的地方冲突。1914年9月，日军占领雅浦；同年，日军占领马绍尔群岛、加罗林群岛和北马里亚纳群岛，德国的殖民统治宣告结束。

1920年，日本在国际联盟授权下开始对这些岛屿进行正式的行政管理。20世纪二三十年代，日本通过大规模移民来解决当时国内人口和经济问题，大量日本人定居在楚克和波纳佩。1943年，日本对密克罗尼西亚实行军事管理，并将总部迁至楚克。日本占领当局接管了密克罗尼西亚利润最高的椰干贸易，开采磷酸盐矿，并在当地大力发展渔业和种植业，为密克罗尼西亚联邦的经济发展奠定了基础，使该地区经济实现自给自足。第二次世界大战时期，密克罗尼西亚地区成为太平洋战争的重要战场,美国军队和日本军队在马里亚纳群岛进行了数场激烈的战斗。1945年日本投降后,这些岛屿成为美国"太平洋托管岛屿"(Pacific Islands, Trust Territory of the USA)的一个组成部分。

二战后,美国将所有外国势力赶出密克罗尼西亚。但这些外国势力在岛上统治多年,对密克罗尼西亚联邦的经济发展起着重要作用,随着外国势力离开,密克罗尼西亚联邦的经济陷入了危机。美国代表专员认为他们的任务不是统治这些岛屿而是管理它们,认为自己作为新的管理者,没有必要过多地干预当地人的生活,选择实行"政府最小化政策",这个政策奠定了美国人长达15年的管理基调。截至20世纪60年代,托管领土的全部预算是700万美元。在美国人的管理和经济政策下,密克罗尼西亚联邦的教育、经济和公共卫生发展缓慢。许多作家曾称美国人管理托管领土的方式是"温和的忽视"。1961年,联合国代表团的访问报告呈报给美国总统约翰·肯尼迪。报告对美国管理托管领土的政策持完全批评的态度。1962年,肯尼迪签署了《国家安全行动备忘录》第145号文件,建立了一个委员会来监督托管领土的政策。同年,美国新管理部门对托管领土的财政预算增长一倍多,达到1500万美元。1965年,美国政府主动提出成立密克罗尼西亚联邦议会,目的是改变托管领土的政治前景,以服务于美国利益。1969年,密克罗尼西亚联邦开始就未来政治地位问题与美国进行正式谈判。1979年,在马绍尔群岛和帕劳举行的公民投票否决了密克罗尼西亚联邦的宪法草案,托管领土正式分裂。1979年5月10日,楚克(1989年10月1日更名为丘克)、科斯雷(1977年从波纳佩州分离出来)、波纳佩和雅浦4个行政区批准了该宪法草案,正式组成密克罗尼西亚联邦。

1982年,密克罗尼西亚联邦与美国正式签订《自由联系条约》,这标志着密克罗尼西亚联邦正式独立。根据《自由联系条约》,密克罗

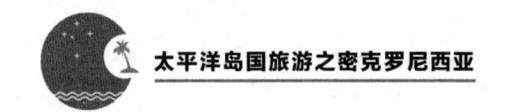

尼西亚联邦获得内政和外交的自主权,安全防务在15年内由美国负责。1990年12月,联合国安理会召开正式会议,通过了终止太平洋托管领土协定的决议,正式结束了密克罗尼西亚联邦的托管地位。1991年9月7日,密克罗尼西亚联邦正式成为联合国成员。

四 政治

密克罗尼西亚联邦是联邦总统制国家。政府分为国家、州、地方三级。根据宪法规定,总统既是国家元首又是政府首脑,享有任免权、赦免权、参与立法权和外交权。

密克罗尼西亚联邦没有政党,国会实行一院制,由14名议员组成。其中4名是"全任期"议员,分别从4个州选出,任期4年;另外10名议员分别从10个单一选区中选出,任期2年。密克罗尼西亚联邦宪法规定,年满18周岁的公民均享有选举权,但已定罪的罪犯和精神错乱者除外。年满30岁,成为密克罗尼西亚联邦公民至少15年,并在所处选区居住5年以上者具有总统候选人资格。

国会享有立法权。密克罗尼西亚联邦宪法规定,国会享有国家防御、缔结条约、出入境和国籍管理等一系列权力。当总统、副总统或最高法院法官出现叛国、贿赂或者其他涉及贪污的行为时,国会有权对其进行弹劾。联邦政府下设外交部,资源及发展部,交通、通信及基础设施部,财政及行政事务部,卫生及社会事务部,司法部,教育部等。各部部长不从议员中选任,而是由总统提名经国会批准后任命并组成联邦内阁。

密克罗尼西亚联邦的司法体系坚持司法独立原则。司法权由司法机关独立行使,不受立法机关和行政机关的限制,最高法院是最高司法机关。司法权与立法权、行政权在国家和州之间予以划分。密克罗尼西亚联邦宪法规定,密克罗尼西亚联邦的司法权属于最高法院和依法设立的各地方法院。

1989年9月11日,中国与密克罗尼西亚联邦正式建立外交关系。1990年2月,中国在密克罗尼西亚联邦设立大使馆,并派有常驻大使。2007年4月,密克罗尼西亚联邦在中国设立大使馆。自建交以来,两国在经济、教育、文化、科技等领域密切交流。2014年11月22日,习近平主席在斐济楠迪会见密克罗尼西亚联邦总统伊曼纽尔·莫里(Emanuel Mori),并同各太平洋建交岛国领导人举行集体会晤。习近平强调,中方尊重密克罗尼西亚联邦人民自主选择发展道路,愿同密方保持高层和各级别交往,加强治国理政交流,深化渔业、新能源、基础设施建设、经济技术等领域合作,促进人文交流;中方支持密方应对气候变化的努力。

五 经济

密克罗尼西亚联邦经济发展水平较低,国内缺乏有效的市场机制和良好的投资环境,经济发展缓慢。密克罗尼西亚联邦经济发展长期严重依赖外援,美国的财政援助是其主要收入来源。目前,密克罗尼西亚联邦已启动基础设施建设和发展项目,基础设施的建设与完善将为当地旅游业、种植业、渔业等关键部门的投资创造一个良好的环境。密克罗尼西亚联邦在国家经济发展规划中把种植业、渔业、旅游业作为经济的"三大支柱",旨在促进经济全面发展,大力鼓励私有经济发展。

农业是密克罗尼西亚联邦经济的重要组成部分,但生产方式落后。密克罗尼西亚联邦不种植粮食作物,粮食和生活用品均依赖进口,主要的农产品有椰子、香蕉、面包果、槟榔、木瓜、菠萝、胡椒、芋头等;生产优质胡椒,并出口国外。密克罗尼西亚联邦旅游资源丰富,是世界著名的潜水胜地,其独特的岛屿文化和风俗保持较好,但是偏远的位置和简陋的基础设施阻碍了当地旅游业的发

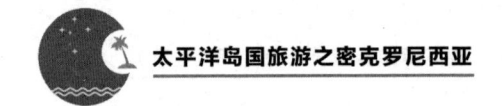

展。由于航线限制，中国公民赴密克罗尼西亚联邦必须经停美国关岛或夏威夷，因此需要事先申请美国过境签证。

六　文化

（一）语言

目前，密克罗尼西亚联邦仍有8种土著语言在使用，分别是科斯雷语（Kosraean）、丘克语（Chuukese）、波纳佩语（Pohnpeian）、雅浦语（Yapese）、尤里希语（Ulithian）、沃雷艾语（Woleaian）、努库奥罗语（Nukuoro）、卡平阿马朗伊语（Kapingamarangi）。密克罗尼西亚联邦各州之间方言不通，大部分居民交流时使用英语，英语也是密克罗尼西亚联邦的官方语言。

（二）体育运动

1969年，第一届密克罗尼西亚联邦运动会在塞班举办。1990年，举办了第二届密克罗尼西亚联邦运动会，之后每四年举行一次，密克罗尼西亚联邦四个州各自组队参加。近年来，密克罗尼西亚联邦积极组织参与地区和国际性体育赛事，积极参加太平洋国家和地区举办的太平洋运动会（Pacific Games）。自2011年以来，密克罗尼西亚联邦在太平洋运动会中共获奖牌39枚，其中金牌13枚、银牌15枚、铜牌11枚。

2000年，密克罗尼西亚联邦首次派出5名运动员参加奥运会，其后又参加了2004年雅典奥运会、2008年北京奥运会、2012年伦敦奥运会和2016年里约奥运会，但至今未获得奥运会奖牌。

（三）传统工艺

密克罗尼西亚联邦最具代表性的手工艺品是爱情木（Love Stick）和魔鬼面具（Devil Mask）。根据丘克的传统，每个年轻的男性都会有两根个性化且长短不一的爱情木，他们在上面雕刻相同的图案。短的爱情木用来梳理自己的头发，长的爱情木送给心仪的女子。如果男子喜欢女子，他就把长的爱情木插进女子的小屋；如果女子也喜欢男子，就会把爱情木拉进去，暗示男子可以进去；如果女子把爱情木推出去，则表示其对该男子没有兴趣。

丘克魔鬼面具的历史由来已久。传说在托尔岛（Tol Island）上有一个魔鬼经常偷取岛上居民的食物，于是岛民就制作了看起来更恐怖的魔鬼面具来震慑魔鬼。魔鬼再次出现时，发现岛上到处是"魔鬼"，吓得再也没有出现。制作魔鬼面具的传统习俗也就从此流传下来。

（四）礼仪与风俗

1. 习俗

密克罗尼西亚人较为闲散，时间观念不强，社交场合穿着较为随意，花衬衣是岛国最常见的正式服装。在社交场合与客人相见时，要与被介绍过的客人一一握手，并报出自己的名字。在公共场所，妇女要轻声慢语，少讲话。

除了正式场合或重大节日特别要求之外，一般在宴请的场合，当地人是不系领带的，而且经常穿花色 T 恤或花色短袖衬衣出席。当地人宴请客人时，一般会多准备一些美食，饭后把剩余的可口食物打包让客人带走以示真诚和尊重。

当地人爱吃烧烤，也有吃狗肉的风俗。很多当地人有用槟榔夹着石灰粉和烟叶咀嚼的习惯。波纳佩州人有喝萨考酒的习惯，人们喝完萨考酒后开车都很慢，当地人开车几乎从不按喇叭。

2. 尊崇传统领袖

雅浦州、丘克州和波纳佩州三州的宪法均承认本州传统领袖的地位和相关的世俗传统。[1] 传统领袖在当地享有极大的权力和威

---

[1] 中华人民共和国驻密克罗尼西亚联邦大使馆经济商务参赞处网站，http://fm.mofcom.gov.cn/article/ddgk/zwfengsu/200211/20021100054550.shtml，最后访问日期：2017 年 5 月 24 日。

望，民众对其十分恭敬。在重大传统节日时，传统领袖入座贵宾席，晚辈要单腿跪着用长竿从树上摘取用鲜花编成的花边帽和花环给他戴上，并需要低头（不能用眼看）向其敬献食物和萨考酒。晚辈不得在长辈的面前抽烟喝酒。在雅浦州，还建有专门的男人屋。男人屋是传统领袖训话或商量本族大事的屋子，女人不得入内。

3. 雅浦聚会所

雅浦州每个村庄都有保存完好的聚会场所，当地人称为"派拜"（Pe'bai）或"法鲁"（Faluw）。"派拜"是人们的活动场所。"法鲁"沿海设立，是男人的工作场所，同时也是学习传统手工技艺的场所。直到今天，"法鲁"依然是女人的禁地。

4. 禁忌

土地是密克罗尼西亚人重要的家庭私有产业。进入当地居民的私有领地应提前获得主人许可，最好有当地向导陪同，否则可能被视为冒犯或侵权。

当地实行一夫一妻制，妇女受到特别尊重，不得同其随便开玩笑。雅浦州外岛男女均不着上衣，传统舞蹈的女性表演者一般赤裸上身，人们不得特别关注或随意拍照。外国女游客游泳上岸后不得穿着比基尼招摇过市。科斯雷州通常在周末进行宗教活动，活动期间禁止在公共场所饮酒或进行其他娱乐活动。

（五）重要节日

密克罗尼西亚联邦的节日主要是宗教节日和历史纪念日。

1. 元旦

密克罗尼西亚联邦的元旦是1月的第一天，即1月1日，它标志着新一年的开始。在这一天，和世界上的大多数国家一样，密克罗尼西亚联邦会举国狂欢。

2. 阵亡将士纪念日

每年 1 月 18 日的阵亡将士纪念日（科斯雷）是密克罗尼西亚联邦另一个公众节假日，每个人都期待着这一天。

3. 雅浦日

每年 3 月 1 日的雅浦日是密克罗尼西亚联邦最重要的节日之一。来自亚洲的人们也可以和当地人一起享受节日的乐趣，观看传统的舞蹈表演，参加嘉年华，穿着绘有漩涡状图案的草裙或五颜六色的服装跳棒舞（The Stick Dance）。

4. 宪法纪念日

1979 年 5 月 10 日，楚克、科斯雷、波纳佩和雅浦 4 个行政区批准了宪法草案，正式组成密克罗尼西亚联邦。宪法纪念日是为了纪念这一事件而设立的节日，密克罗尼西亚联邦国民会于 5 月 10 日这一天在岛上庆祝。

5. 联合国日

在密克罗尼西亚联邦的雅浦州，联合国日是一个重大的节日。10 月 24 日这一天，所有的学校、政府机构以及几乎所有的私人组织都要放假。传统上，世界各地都会举行各种关于联合国成就和目标的会议，主要目的是维持国际和平与安全，发展国际友好关系。

6. 密联邦独立日

1986 年 11 月 3 日，与美国签订的《自由联系条约》正式生效，密克罗尼西亚联邦获得内政、外交自主权，但安全、防务仍由美国负责，密克罗尼西亚联邦国民也可以加入美军，由此 11 月 3 日成为密克罗尼西亚联邦的独立日。

7. 退伍军人节

自 2004 年 11 月 11 日起，密克罗尼西亚联邦将这一天设为退伍军人节，以纪念二战期间在美国武装部队服役的退伍军人所做的贡献。

其他的节日还有：马丁·路德·金诞辰纪念日，1月第三个星期一；雅浦解放日，2月28日；文化节，3月31日；耶稣受难日，复活节前的星期五；全民义务植树节，6月1日；劳动节，9月的第一个星期一；科斯雷解放日，9月8日；波纳佩解放日，9月11日；丘克解放日，9月23日；圣诞节，12月25日。

第二节 国家亮点

一 体验

（一）潜水

密克罗尼西亚联邦有两个世界著名的潜水胜地——雅浦岛和丘克岛。雅浦岛拥有得天独厚的海洋气候与无与伦比的自然风光，常年气温恒定在27℃左右，突如其来的阵雨是家常便饭，但几分钟过后就雨过天晴。在雅浦岛潜水，游客不仅能看到寻常的海洋鱼类，还能看到五彩缤纷的麒麟鱼和罕见的魔鬼鱼——蝠鲼。温暖的太平洋海域不缺乏令人谈之色变的鲨鱼，潜水喂鲨是当地的一个特色旅游项目。夜潜另有一番趣味，在月光与手电的相伴下潜入海中，黑漆漆的海底世界也许能让人心生恐惧，但是在手电的照射下能见度依然很高，畅游白天无法欣赏到的另一个海洋世界，寻找昼伏夜出的水下生物，一些细小的水生物在黑暗中发出磷光，顿时让人产生置身太空的错感。潜罢浮出水面，望着已经消失在黑色星空中的城市，那种感觉实在妙不可言。

丘克潟湖是密克罗尼西亚联邦最有名的潜水胜地，被《孤独星球》（Lonely Planet）评为世界十大潜水胜地之一，被俄罗斯《真理报》评选为世界上最神秘和恐怖的十大地方之一。在二战时期，50多艘战舰沉没在丘克潟湖湖底，这些沉船上载有大量的危险品，如大量化学品和没有爆炸的武器。丘克潟湖湖底有珊瑚和海洋生物，是深海潜水爱好者的天堂。值得一提的是，世界上独一无二的沉船潜水也是密克罗尼西亚最吸引人的地方，但只有拥有潜泳资格证的游客才可以在这里潜水。

（二）海钓

俗话说，"靠山吃山，靠海吃海"，雅浦人是天生的捕鱼高手。游客随船从蓝绿色水面的潟湖驶入深蓝色的太平洋，海钓高手将鱼线挂上鱼饵抛入海中，随水流浮动。不久便会有大鱼上钩，船员们合力将大鱼拉上船，当场用棒槌杀死。船驶入大海深处时，时常会引来一群海豚与渔船同游。返航回到平静的潟湖，船员将大鱼解剖，浇上雅浦特色的秘制酱汁，做成异常鲜甜美味的刺身，配上香浓的当地红茶，即成为游客美味的午餐。

二 美食

（一）海洋鱼宴

雅浦岛的主要美食是当地捕捉的各种海鱼，本地人使用天然的调味汁和香料作为佐料，清淡香甜。

（二）蟹与鹿

蟹与鹿是楚克当地新鲜美味的海鲜和肉食。这里的红树林蟹味道鲜美，无论是清蒸还是焖烧，都可以让蟹的美味发挥到极致。而肉食主要来源于当地人在波纳佩山林里捕获的鹿，附近的酒店会整头收购。

（三）萨考酒

萨考酒是取自天然的食物，人们将当地木槿树的粗树枝割下，削去树皮，将内层米黄色的树皮整齐地撕下来，与甜椒的根部一起加工，再加上半椰子壳的水即制作完成。萨考酒的味道有些滑腻，也有些辛辣，夹杂着些许土味。萨考酒不含酒精，但有一些刺激人神经的成分，令人产生一种微醺的感觉。

三　购物

（一）邮票

密克罗尼西亚联邦发行邮票还不到20年，但这里的邮票主题广泛，设计独特，印制精美，发行有多种系列专题。密克罗尼西亚联邦旅游资源丰富，自然风光秀丽，而且保持着独特的传统文化和风俗，先后多次发行的各岛风光和风土民情邮票受到广大集邮爱好者的青睐。密克罗尼西亚联邦的邮票在方寸之间就将小岛的风情展示得淋漓尽致。

（二）木雕

密克罗尼西亚联邦的木雕做工精细，散发着部落传统文化的韵味，颇具海岛特色，生动传神地描绘了当地岛民的生活状态和岛上的人文景观。

第三节　旅游中心地

一　雅浦岛

（一）速写

雅浦岛是密克罗尼西亚联邦位置最西的一个岛，西南距帕劳454公里，东北距关岛858公里，东到丘克岛的直线距离约1300公里。全岛陆地面积120平方公里，州府及商业中心位于西南部的海湾城市科洛尼亚（Colonia）。雅浦岛地势起伏，为茂密的植被所覆盖；海岸则大部分是被珊瑚礁包围的红树林沼泽。也许是气候使然，当地人保持着裸露身体的风俗，平常在路上或商店里也能见到赤裸上身的男人和女人。雅浦人性情温和，待人友善。当地人喜食槟榔，他们把槟榔咬开，放入珊瑚粉，然后裹上树叶放到嘴里嚼。长期食用槟榔也导致当地人拥有一口血红的牙齿。

（二）景点

雅浦岛的主要景点见图 3-1。

图 3-1 雅浦岛主要景点分布

1. 雅浦艺术画廊

雅浦艺术画廊（Yap Art Studio Gallery）是雅浦岛的知名画廊，其目的是传承雅浦岛的精美艺术，同时将自己的艺术传播到更远的地方，被世界上其他地区的人们知晓和接受。画廊里的收藏品都是技工或艺术家们亲手制作的，这些收藏品包括水彩画、木雕、手织和机织工艺品等。画廊的墙上挂满了艺术家们画的水彩画，内容丰富多彩，风格迥异。展览的木雕也是奇形怪状，种类繁多，让人爱不释手。雅浦岛的居民还亲自用织布机织布，然后将布编织成各种工艺品展示给游客。虽然画廊的面积不大，但是陈设的东西很精致、很漂亮、很有文化气息。

2. 石币

石币是雅浦岛的原始货币之一，当地人称这种石币为"费"（Fei）。早期，当地的土著居民使用一种巨大的石币作为流通货币，由于当地不产金属，石头是当地重要的资源，所以石币就充当交易的媒介，一直延续到现在。

雅浦岛是世界上最大的货币——石币所在地。石币呈扁圆形，中间有孔，跟中国古代的铜钱形状相似。石币被打磨得十分光滑，上面布满了美丽奇特的图案，这些图案精美且纹路复杂规整，每块石币上的花纹都一模一样，好似由同一个模子浇铸。石币的体积一般较大，即使是体积较小的石币，直径也有几十厘米，而体积较大的石币直径可以达到3米，厚约50厘米，重达4吨。通常情况下，石币越大，质地越好，代表的价值越高。这些巍然屹立的庞然大物，只随着交易变更主人，一般不挪动位置。目前，这些罕见的石币已经成为雅浦岛的一大旅游景点，吸引游客来此观赏。

（三）体验

雅浦作为世界排名前三的潜水目的地，其海天相接的自然风光像一幅美丽的画卷。雅浦最闻名的是罕见的蝠鲼。游客在水下观看蝠鲼时要有耐心，蝠鲼会水平舒展两翼，像翅膀一样优雅地在海底挥动，小鱼会如众星捧月般簇拥着蝠鲼，啄食蝠鲼的皮肤，来回三五圈、心满意足后，它们又像刚来的时候那样悠然远去。雅浦是世界上第一个设立蝠鲼保护区的地方，全年都能和蝠鲼一起潜水是这里能够体验到的最大亮点，雅浦能够变成一个世界级的潜水点，蝠鲼功不可没。雅浦全年都适合潜水，终年平均水温在28℃左右，水中能见度在 20~60 米。每年 10 月至翌年 4 月是潜水的旺季，12 月至翌年 4 月是蝠鲼活动最频繁的时期。运气好的话，游客在潜水时除了能看到优雅从容的魔鬼鱼从头上游过，还能看到缤纷艳丽的麒麟鱼和成群结队的鲨鱼。

（四）住宿

1. 雅浦太平洋潜水度假酒店

雅浦太平洋潜水度假酒店（Yap Pacific Dive Resort）被热带花园环绕，距离生活艺术博物馆（Living Art Museum）和石币公园（Stone Money Park）仅 0.2 公里，距离雅浦国际机场 6.6 公里。度假酒店共有 22 间客房。客房是 19 世纪 80 年代维多利亚时期的建筑风格，搭配原始艺术品和木地板，并设有迷你吧。酒店内部有一家餐厅——Traders's Lounge&Grill、维也纳咖啡厅、一个室外游泳池、日间水疗中心和一个潜水中心。客人可以享受酒店提供的免费早餐、免费机场服务和私人露台，还可以参加浮潜、划皮划艇、钓鱼和骑自行车等休闲娱乐活动。

地址：Yap Pacific Dive, Colonia, Yap

注意事项：

（1）使用维萨卡或万事达信用卡支付将额外支付3%的手续费

（2）酒店于各处提供免费Wifi和免费私人停车设施

（3）加床标准：11岁以下儿童加床免费；11~16岁儿童加一张床收费标准为每人每晚25美元；16岁以上人群加一张床收费标准为每人每晚45美元；最多允许每间客房加两张床

（4）提供有偿的自行车租赁服务

2. 鳐鱼湾度假村

鳐鱼湾度假村（Manta Ray Bay Resort）坐落在科洛尼亚镇（Colonia），拥有一个SPA中心、一片私人海滩区和内部餐厅，提供免费内部私人停车场。鳐鱼湾度假村提供免费班车服务、水上运动设施和汽车出租服务，是浮潜和潜水的热门场所，设有24小时前台和礼品店。部分客房可以观赏海景或山景，设有一个供客人放松身心的休息区。

注意事项：

（1）可提供收费为每周5美元的便携式路由器

（2）所有额外入住的2岁以下的儿童，加婴儿床不收费

（3）不允许携带宠物入住

（4）提供免费Wifi

3. 其他度假村/酒店

雅浦岛上其他的度假村/酒店主要有两家：小径酒店（The Pathways Hotel，位于1718 Pathways Blvd, Yap），提供免费Wifi；乌里希冒险旅舍（Ulithi Adventure Lodge，位于Falalop, Ulithi, Post Office, Yap），提供免费Wifi。

二 丘克岛

（一）速写

丘克岛位于东加罗林群岛西端，东距波纳佩岛 705 公里，西与雅浦岛的直线距离约为 1300 公里，西北距关岛 1028 公里。全岛除主岛韦诺岛（Weno Island）外，还有 6 个较大的外岛和 98 个小岛。丘克岛的陆地面积约为 127.5 平方公里，人口约 5.35 万人，占全国人口的一半以上，较多的失业人口对州的社会秩序有所影响。州府是韦诺市。

丘克岛由 4 个大岛和若干小岛组成，位于巨大的珊瑚环礁内，受太平洋风浪影响较小。周边小岛虽有人居住却至今未被开发。水清沙细，大片珊瑚礁里鱼群出没。丘克岛热带鱼品种繁多。近岸边的海水呈孔雀绿和孔雀蓝。岛上常年受海风吹拂，靠近赤道，阳光极具穿透力，空气纯净。另有 60 多艘二战时沉没的日本军舰散布于大岛周边，是潜水的好去处。

"丘克"在马来语中意为"耸入高空的山"。丘克岛呈三角形，每边长 60 多公里，中间是一个直径 30~40 海里的礁湖，是一个天然的舰船停泊港。丘克岛不仅位于加罗林群岛的核心位置，还是南太平洋日本"内防卫圈"的心脏，战略地位十分重要，素有"永不沉没的航空母舰"和"太平洋上的直布罗陀"的美称。丘克岛周围约有 2129 平方公里的环礁。岛上盛产咖啡、胡椒、香料、椰子、香蕉、杧果等热带作物。这里的金枪鱼产量占世界的 70%。

（二）景点

丘克岛的主要景点是丘克潟湖，见图 3-2。

图 3-2　丘克岛主要景点分布

　　丘克潟湖二战期间是日本舰队的停泊区，有大批日本海军驻扎在那里。1944年2月，盟军对此地发起了攻击，日本多艘战舰被击沉，死亡人数在3000人以上。科学家发现有50多艘二战的战舰沉没在丘克潟湖湖底，许多沉船都载满货物，如战斗机、坦克、推土机、铁路机车、摩托车、鱼雷、地雷、弹药、收音机等。甚至有一些潜水员说丘克沉船内有鬼魂出没，因此人们称这些沉船为"幽灵船"。

　　丘克潟湖湖底生活着包括珊瑚在内的多种海洋生物，是深海潜水爱好者的天堂。湖底还有不少沉没舰队人员的骸骨。对于爱好摄影的人来说，潜入丘克潟湖摄影应该是一个挑战，这里有美丽的风景，却也有无人敢接近的危险品和令人惊悚的骷髅头。同时，这些沉船内有大量的有害物质，如成千上万桶的石油、化学品以及没有爆炸的炸弹，它们时刻威胁着来此潜水的人群。

　　（三）体验

　　密克罗尼西亚的丘克潟湖以其丰富多彩的珊瑚和热带鱼而闻名，

但真正吸引成千上万潜水爱好者来丘克潟湖的主要是丘克潟湖中保存有世界上最完整的军舰残骸。第二次世界大战期间，日本海军的数十艘军舰在这里被美国海军击沉。但是，只有拥有潜泳资格证的游客才可以在这里潜水，游客可以在岛上的"蓝色潟湖商店"进行预约。

（四）住宿

丘克岛上可供住宿的度假村或酒店有以下三家，具体信息见表3-1。

表3-1 丘克岛上的度假村或酒店

度假村/酒店名称	地址	注意事项
Truk Blue Lagoon Resort	Weno, Chuuk 96942, Federated States of Micronesia	提供免费 Wifi
L5 Hotel	P. O. Box 790, Weno Chuuk FM, Chuuk 96942, Federated States of Micronesia	提供免费 Wifi

三 波纳佩岛

（一）速写

波纳佩岛位于加罗林群岛东端，是密克罗尼西亚联邦面积最大、人口最稠密且经济最发达的岛屿。波纳佩州是密克罗尼西亚联邦首都帕利基尔所在地，素有"热带天堂"的美称。波纳佩岛陆地面积为346平方公里，州府为科洛尼亚。波纳佩岛岛西北距离关岛1050公里，东北距夏威夷群岛3240公里、距火奴鲁鲁5214公里。岛上建有国际机场和大约50公里长的公路，还拥有40多条淡水河，海陆空交通皆十分便利。

波纳佩岛是密克罗尼西亚联邦的一个未被开发的岛屿，拥有良好的生态环境。岛上空气清新，雨量充沛。河边有为野营爱好者准备的露营点，头枕河源，可以欣赏到令人眼前一亮的原始雨林。岛四周为珊瑚礁所包围，许多隘口、通道将岛屿与大洋相连，这些珊瑚礁形成许多精美绝伦的"立式幕墙"。岛周围海洋的水下能见度在30米左右。波纳佩岛海岸共有25公里长的珊瑚礁，美丽的珊瑚礁将太平洋的海水过滤得十分清澈，也为潜水增添了不少乐趣。

波纳佩岛各种深海鱼种类繁多，潜水员经常会遇到鲨鱼、鲑鱼、金枪鱼等鱼类。波纳佩的社会和文化紧紧围绕着部落，而部落则是在封建基础上组织起来的，在这个大的组织下还有各种宗派和子宗派，每个部落都由两位酋长领导。

波纳佩岛也因为当地的舞蹈和特殊的地方饮品——萨考酒而出名。这是岛民给自然爱好者、探险者以及远足的游客准备的一个特别惊喜。参观萨考酒的制作过程是很奇特的经历。

（二）景点

波纳佩岛的主要景点见图3-3。

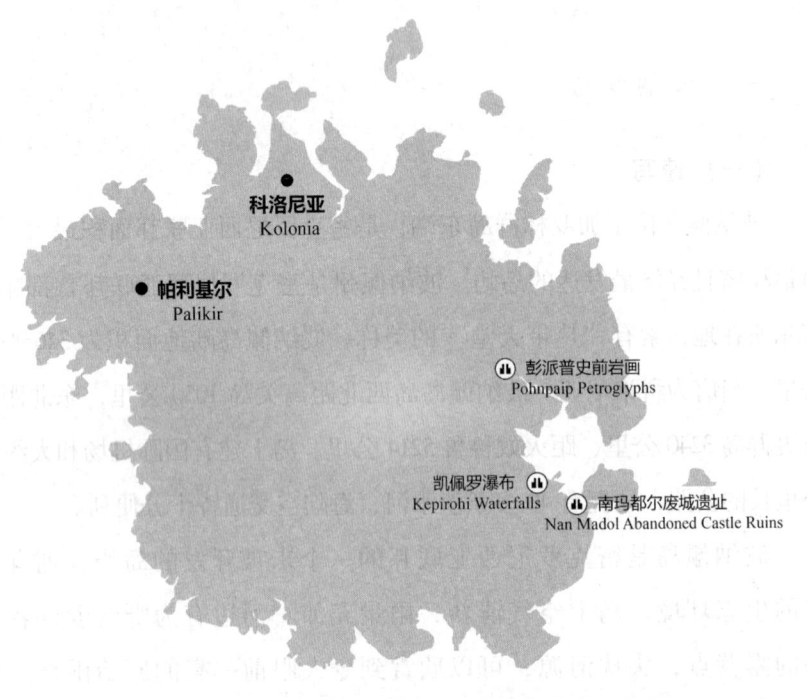

图3-3　波纳佩岛主要景点分布

1. 帕利基尔

帕利基尔坐落于太平洋西海岸、波纳佩州北部，从1989年开始作为密克罗尼西亚联邦的首都。这座城市是在密克罗尼西亚联邦独立后才建立的，被茂密的森林包围，小巧玲珑的建筑在绿色的森林中若隐若现，令人神往。帕利基尔是一个冲浪胜地，每天都可看到不同肤色、不同水平的冲浪爱好者来此挑战海浪，享受冲浪的乐趣。这座具有热带风情的城市既有高高的山脉，也有五彩斑斓的珊瑚礁，游客可以潜入海底观赏五颜六色的珊瑚和多种多样的鱼类。如果喜欢安静的话，那么绵长的白色海滩则是最佳选择，静静地漫步或者是享受日光浴都是不错的选择。

2. 南玛都尔古城

南玛都尔古城位于波纳佩东部海岸，建于泰蒙岛（Temwen Island）附近的人工岛上，占地约18平方公里。古城由一连串小型的人工岛与运河组成，被称为"太平洋的威尼斯"。"南玛都尔"在当地语言中的意思是"环绕群岛的宇宙"，南玛都尔古城是统治该岛一直到16世纪的绍德洛尔王朝的首都。

南玛都尔城由约40万根加工过的玄武岩巨石柱构成，但是这些石头是如何被运到这里的，迄今仍是个谜，因为在岛上并没有发现相同材质的石头。根据当地的传说，南玛都尔是由一位法力无边的魔法师应当地人的邀请建成的。这位魔法师住在波纳佩岛西北部，他为南玛都尔提供了大量巨石，并使其从采石场"飞"至建筑工地，建成岛上的大部分建筑。如今，约有100座建筑遗迹散布在堤礁边，该处海底还残留着以人工方式竖立巨石的痕迹，这些巨石痕迹目前仍谜团重重。每个小岛的珊瑚破碎带和玄武石柱上遍布野花、树枝、树叶、椰子壳，俨然一片原始地带。

3. 彭派普史前岩画

彭派普（Pohnpaip）意为"巨大的"，彭派普史前岩画意为"巨石上的岩画"，约5米高，缓缓倾斜，面积约30平方米。岩画的内容有太阳、月亮、剑、人群、鱼和人的足迹等。岩画的作者至今无从知晓，据当地人说是很久以前从其他岛屿来的人。

4. 凯佩罗瀑布

凯佩罗瀑布（Kepirohi Waterfalls）是波纳佩最著名和最受摄影者欢迎的瀑布。在这里，大量的水从一个宽阔的倾斜的玄武岩金字塔向下流，形成几百平方米的天然水池。刚进游区，游客远远地就能听到飞流而下的水流的声音，在山谷中回声的作用下，感受那震撼人心的磅礴之势。凯佩罗瀑布位于一个私人庄园内，游客需要携带一些现金以支付土地所有者收取的小额费用。

（三）体验

游客在波纳佩岛进行潜水和钓鱼等运动也是件有趣的事情，由于波纳佩岛被茂密的森林覆盖，所以岛上曲折的海岸附近的水道被一些含有丰富植物营养的浅水湖泊隔断，这是波纳佩岛的特色之一。这里的珊瑚礁非常迷人，为潜水增添了不少的乐趣。

（四）住宿

1. 红树湾酒店

红树湾酒店（Mangrove Bay Hotel）坐落在风景优美的红树林半岛位于宁静温暖的热带水域旁，距离机场只有15分钟车程。酒店有一个码头，配有几艘船，可供钓鱼、潜水、浮潜、冲浪或帆船租船使用，也提供海岛游等服务项目。酒店拥有7间客房，所有客房都装饰美观。

```
地址：P. O. Box 1597 Kolonia, Pohnpei FSM 96941
电话：（691）3205454
传真：（691）3205284
网址：http://www.mangrovebaypohnpei.com
```

2. 悬崖彩虹酒店

悬崖彩虹酒店（Cliff Rainbow Hotel）距离机场有10分钟车程。酒店配有会议厅、电话、空调、有线电视、冰箱、私人浴室、餐厅和酒吧等，提供旅游安排、汽车租赁、洗衣、客房、机场接送等服务。

```
地址：P. O. Box 96, Kolonia, Pohnpei FSM 96941
电话：（691）3202415
传真：（691）3205416
E-mail: reservations@cliffrainbow.com
```

3. 中国之星酒店

中国之星酒店（China Star Hotel）距离机场约有3分钟车程。酒店提供机场接送、洗衣、客房服务。

```
地址：P. O. Box 1721, Kolonia, Pohnpei FSM 96941
电话：（691）3201788
传真：（691）3201016
网址：http://www.chinastarhotel.com
```

四 科斯雷岛

（一）速写

科斯雷岛位于加罗林群岛最东部，也是密克罗尼西亚联邦最东部的岛屿，位于关岛和夏威夷群岛之间，西北距波纳佩岛546公里，东北与马朱罗环礁相隔1080公里，南距赤道约590公里。行政区划上，科雷斯岛划分为勒鲁（Lelu）、马勒姆（Malem）、塔夫萨克（Tafunsak）和尤特维（Utwe）四个区。其中，位于勒鲁区的托福尔市（Tofol）是科斯雷州州府。塔夫萨克市是科斯雷州最大的城市，也是距离科斯雷机场最近的城市。托福尔市有保存完好的热带丛林和环境优美的海滩。

科斯雷岛面积约110平方公里，是密克罗尼西亚联邦第二大岛。截至2010年，岛上人口已达到6016人。岛上多山地，约占全岛面积的70%；岛上最高峰为克罗泽山（Mountain Crozier），海拔628米。科斯雷岛常年温暖潮湿，年平均气温25℃。全年大致分为旱、雨两季，5~10月是旱季，11月至次年4月是雨季。年平均降雨量山地为7500毫米，沿海地区为5000毫米。游客若从海上远眺科雷斯岛，从轮廓上看，该岛像极了一位躺着的女子，"睡美人之岛"的名字正是由此而来。

科斯雷岛的主要人口是密克罗尼西亚人，还有一部分亚裔和波利尼西亚人。科斯雷岛的官方语言是科斯雷语，通用语言是英语和科斯雷语。自1825年第一位传教士在该地区传教以来，当地人信仰的宗教慢慢转变为基督教。到19世纪70年代，全岛居民都已经改信基督教。基督教的很多教派在科斯雷岛设有分支，宗教信仰已经成为科斯雷岛文化不可分割的一部分。在密克罗尼西亚联邦，科斯雷岛的教育水平是位于前列的。岛上拥有6所公立小学，分别是塔夫萨克小学、马勒姆小学、尤特维小学、勒鲁小学、瓦朗小学和斯瑞克小学；1所高中，即科斯雷高中；1所私立学校，即科斯雷基督复临安息日学校。

科雷斯岛的手工艺品制作精美，编织品和雕刻品都非常具有当地特色，这些手工艺品的制作技艺代代相传，每一件手工艺品都不仅是一种艺术形式，更是一种文化的传承。科斯雷州早期以贝壳作为货币，现在采用美元作为通用货币。主要产业为农业和旅游业。主要经济来源为传统农业，出产芋头、柑橘、面包果和香蕉。传统食品包括面包果、椰子、香蕉、芋头、山药和甘蔗，面包果是日常主食。科雷斯岛几乎无制造业，生活用品大量依赖进口，进口的食物包括大米、肉和鱼类罐头等。岛上有许多珍贵的木材和铝矾土资源；海边红树林出产红树林蟹，质量上乘；中国曾援建科雷斯州巨蛤养殖中心，规模不大，且利润较低。

科斯雷岛山地连绵，崎岖陡峭，热带丛林保存完好，植被丰茂，大部分地区尚未被开发，非常适合远足探险，吸引了一大批探险家前来探险。此外，在科斯雷还可以欣赏到独特的原始文明，如勒鲁市著名的勒鲁遗址（Lelu Ruins）、门科遗址（Menke Ruins），以及尤特维市的芬克尔山（Mount Finkol）、尤特维-瓦隆海洋公园的原始红树林等。

（二）景点

科斯雷岛的主要景点见图3-4。

1. 勒鲁遗址

勒鲁遗址同波纳佩州的南玛都尔古城和复活节岛雕像被称为"太平洋的奇迹"。历史上，勒鲁是科斯雷州的政治中心，代表史前密克罗尼西亚联邦封建社会发展的顶峰。勒鲁遗址仍保留有20英尺高的菱形玄武岩，这便是当时古勒鲁城的城墙。这里是世界上唯一使用珊瑚作为高塔陵寝的地方，而且至少保存有5座

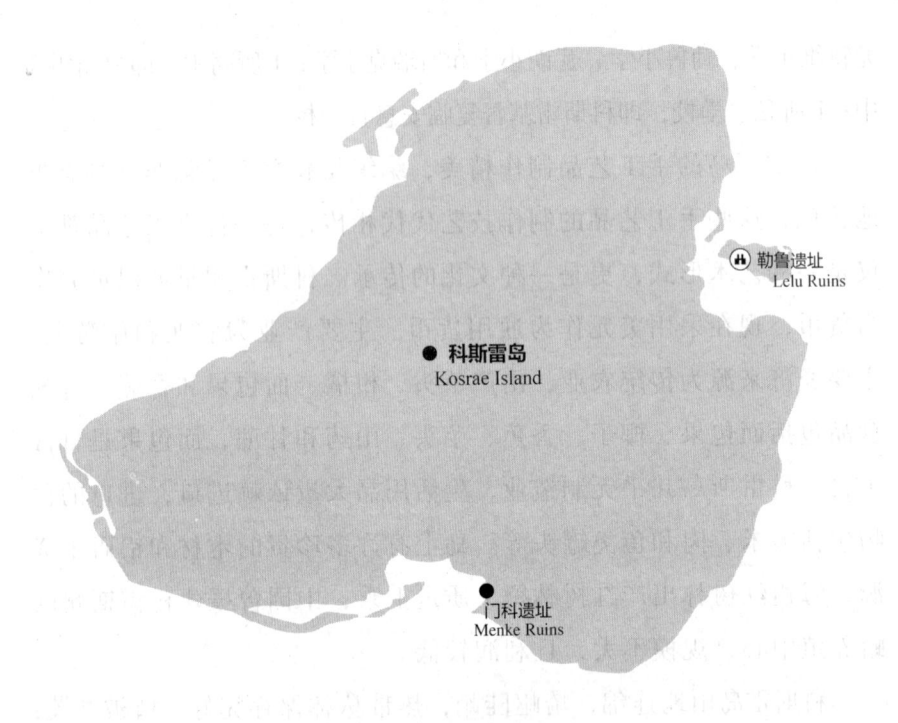

图3-4 科斯雷岛主要景点分布

珊瑚金字塔。最早的欧洲发现者来到这里约是在1824年，当时岛上有3000~6000人，他们分为四个不同的社会阶层。勒鲁遗址包括100多个围墙大院，大部分位于居住区，那些高大的、比较华丽的石墙为当时的统治者所拥有，围墙里面还有一些房屋。这些围墙代表了当时社会的发展历史和人们的生活水平，是重要的历史见证。

2. 门科遗址

门科遗址位于科斯雷州，建有面包树女神——森拉克[①]（Sinlaku）的庙宇。根据当地传说，森拉克女神一直居住在此，直到1852年传教士到达这里才逃往雅浦。考古学家比尔兹利

---

① "森拉克"，英文名为"Sinlaku"，意为"传说中的女神"。

(Felicia Beardsley)认为,门科遗址可能是密克罗尼西亚联邦最古老的遗迹,或许比科斯雷州的勒鲁遗址和波纳佩州的南玛都尔古城历史更为久远。

(三)体验

芬克尔山步道(Mt. Finkol Hiking Trail)是科斯雷州著名的景点之一,这里拥有科斯雷最高峰(海拔688米)和全球海拔最低的雨林区,是全世界最潮湿的地区之一,游览此处需要7~8小时,最好有导游指引,而且游客须身强体健。J. R. R. 托尔金著名的小说《霍比特人》(The Hobbit)中的巨型榕树在此密布,游客们可以一饱眼福。

(四)住宿

1. 科斯雷鹦鹉螺度假酒店

科斯雷鹦鹉螺度假酒店(Kosrae Nautilus Resort)距离托福尔市中心5分钟车程,距离著名的勒鲁遗址5分钟车程。酒店有室外游泳池、餐厅等设施。客人可以在餐厅或游泳池畔享用餐点。酒店内有礼品店,距离餐厅不到10分钟的步行路程。酒店还提供浮潜、潜水和钓鱼等服务,安排二战遗迹和雨林远足的向导游览活动。

地址:P. O. Box 135, Kosrae, 96944 Yap

注意事项:

(1)酒店提供免费Wifi

(2)所有额外入住的12岁以下儿童不收费

(3)所有额外入住的年龄较大的儿童或者成人,加床的收费标准是每晚15美元

(4)不允许携带宠物入住

2. 太平洋度假山林小屋

太平洋度假山林小屋（Pacific Treelodge Resort）位于海滨，距离科斯雷国际机场 15 分钟车程，距离勒鲁遗址 25 分钟的步行路程，距离以浮潜著称的蓝洞有 5 分钟的步行路程。每间简易的别墅都设有迷你吧和俯瞰花园的私人露台。旅游咨询台可以安排深海捕鱼、丛林小径远足和前往瀑布的一日游。布利餐厅（Bully's Restaurant）提供新鲜的海鲜和意大利菜肴，特色是黄鳍金枪鱼汉堡。餐厅位于潟湖上，可乘坐一艘皮艇抵达。

地址：P. O. Box 135, Kosrae, 96944 Yap

注意事项：

（1）酒店于各处提供免费 Wifi

（2）所有额外入住的12岁以下的儿童，不收费

（3）允许1名年龄较大的儿童或者成人入住，加一张床的收费标准为每人每晚20美元

（4）不允许携带宠物入住

第四节　出行指南

一　行前准备

（一）护照与签证

1. 护照

中国公民须持有效期不低于 6 个月的护照。

2. 签证

中国公民可免办签证进入密克罗尼西亚联邦停留 30 天，但须提供返程机票或下一目的地机票。入境后如果需要延长停留时间，

本人须提前到移民局办理延期手续,最长可延期60天。入境停留逾90天或属于临时性的政府公务活动、经贸、工作、考察、学习、探亲等,须提前向移民局申请入境许可。入境后如果变更身份和目的,须事先取得相应批准。

入境时只有符合下列条件,才可以获得旅游签证。(1)手持至少还有30天以上有效期的中国护照,即护照有效期要长于停留期;(2)返程或者下一目的地机票;(3)充足的旅行资金证明。

> 密克罗尼西亚联邦驻华官方机构为密克罗尼西亚联邦驻华大使馆,位于中国北京朝阳区建国门外外交公寓#1-1-11,邮编为100600,电话为010-65324708、010-65324609,传真为010-65324609,网址为http://www.fsmembassy.cn/。通过密克罗尼西亚联邦驻华大使馆,可以获得更多关于密克罗尼西亚联邦最新的信息以及咨询服务。

(二)物品携带

前往密克罗尼西亚联邦可以携带和禁止携带的物品见表3-2。

表3-2 前往密克罗尼西亚联邦可以携带和禁止携带的物品

种类	内容
必备物品	各类证件:护照、往返机票、酒店订单、旅行保险、国际旅行证件资料页(带照片)复印件1份等 货币:美元、信用卡(银联卡、美国运通卡、维萨卡) 防晒用品:高倍防晒霜、防晒衣、墨镜、遮阳帽等 防蚊虫产品:含有避蚊胺的驱蚊剂、蚊帐、蚊香,最好不要带电蚊香(以防度假村停电) 衣物准备:胶底凉鞋、泳衣、雨衣、速干类衣物、个人洗漱用品 小日用具:手电筒、插座、潜水相机、电压转换器(密克罗尼西亚联邦的标准电压为110伏,用电频率为60赫兹,使用美式插座,国内电器制品需要接入电压转换器才能正常使用) 药用品:止泻药、云南白药喷雾剂、棉签、创可贴、感冒药等

续表

种类	内容
允许游客携带入境的产品	每位成年旅客最多可携带一条香烟(200根)或一磅烟草(约20支雪茄),1500毫升(52盎司)酒入境;允许每位旅客携带价值200美元以内的洗漱用品、化妆品免税入境
受限制物品(为避免引入外国植物或动物害虫或疾病,没有农业、渔业和森林部的许可,禁止进口蔬菜、种子或动物产品)	除非有合法的MASLR的检疫进口许可,大多数植物和植物产品禁止进入密克罗尼西亚联邦,这些植物和产品包括新鲜的水果和蔬菜、鲜花和花环、种子和植物、插条、根茎类作物鳞茎、球茎、块茎和豆类、椰子和蘑菇、大米和其他谷物、坚果和果仁、土壤、沙子和岩石 除非有合法的MASLR检疫进口许可,大多数动物和动物产品(包括活的动物)不允许进入密克罗尼西亚联邦,这些动物和动物产品包括鸟类、活鱼、肉类、蜂蜜、带肉味的面条、奶制品、皮毛、羽毛、骨头、有机物、生物样本、昆虫、爬行动物、胚胎(活的或死的)、狗、猫、牛、猪、蛋类或其他活的动物
中国游客常带,往往在海关被没收的物品	带肉味的方便面、新鲜的或干的肉类(干鱼肉除外)、未煮熟的虾(煮熟的虾可以)、香肠、狗粮、树皮、自制的草药(厂家生产的产品可以)、奶制品(婴儿奶制品可以)、桂圆、大枣(只是果肉没有核的可以,有核的不允许)
禁带物品	任意大小的刀具、金属物体、备件、雨伞、边缘锋利的弯曲物体等有可能在机舱内用作武器的物品均不得放入随身行李中,这些物品必须存放在托运行李中

二 出入境交通

中国公民可乘坐表3-3中的航空公司的航班前往密克罗尼西亚联邦。

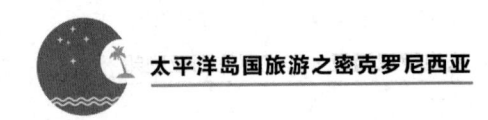

表 3-3　中国飞往密克罗尼西亚联邦的航线和航空公司

推荐航线	上海 –（4h40min）– 关岛国际机场 –（4h40min）– 波纳佩国际机场 上海 –（8h55min）– 夏威夷国际机场 –（6h50min）– 波纳佩国际机场
提供服务的航空公司	美国联合航空、大韩航空、菲律宾航空、韩亚航空、达美航空、上海航空、东方航空、日本航空、夏威夷航空、中国国际航空、南方航空、"中华航空"、美国航空、全日空航空
注意事项	出入密克罗尼西亚联邦通常须过境美国，因此应提前办妥美国过境签证；乘美国航空公司航班入境，除需要出示过境签证外，还需要出示下一目的地机票

航空公司的信息可以在其官网上查询，如达美航空，https：//zh.delta.com/；瑙鲁航空公司，http：//www.nauruairlines.com.au/；美国联合航空公司，https：//www.united.com/ual/en/hk/? pos = HK；等等。

三　境内交通

（一）海上交通

密克罗尼西亚联邦各岛屿之间水路交通运输主要靠政府运营的定期客运船，一般为每月一班，票价按行程长短计算，几十美元到上百美元不等，需要提前订票。邻近的小岛之间有小型私人船艇往来。

联邦政府拥有 3 艘 800 吨级以上轮船定期来往于各州，其中两艘为日本赠送。州政府共有 4 艘 600 吨左右的客货两用轮。中国政府分别于 2004 年 10 月、2007 年 2 月向密克罗尼西亚联邦丘克州和雅浦州各提供一艘客货两用船。各州的港口均可停靠远洋级货轮。主要港口有波纳佩港、科洛尼亚港、莱莱（Lele）港、莫恩（Moen）港。

> 特别提示：乘船时须注意天气变化和海上安全

（二）陆上交通

密克罗尼西亚联邦无铁路。各州主岛有柏油公路，无公共交通，出行主要靠自驾车和出租车。乘坐出租车的话，一般通过电话叫车，短程车费1~2美元。有汽车租赁服务，但车况一般，租金为每天50~80美元。密克罗尼西亚联邦实行车辆右行制，左、右舵车均可上路行驶，但市场上99%为二手右舵车。只有上、下两车道，坡路、弯路较多，无专门的人行道。在当地驾车、走路时须注意交通安全。

> 特别提示：持中国有效驾照30天内可在当地合法驾车

（三）航空交通

密克罗尼西亚联邦四个州的主岛均有机场。岛屿之间的交通方式主要有空运和海运，境内机场可供波音737飞机起降。目前，有美国联合航空、瑙鲁航空两家航空公司经营定期国际航班停靠密克罗尼西亚联邦各州。有一家私营公司提供密克罗尼西亚联邦境内各岛之间的小型飞机包机服务。

中国公民进出密克罗尼西亚联邦须经停美国关岛或夏威夷。目前，中国与密克罗尼西亚联邦之间无直飞航班。目前已开通由关岛到上海、香港的直航班机。往返机场须自己驾车或乘坐出租车，无公共交通。一些当地旅店提供接送服务。

四 货币和汇率

(一) 货币

密克罗尼西亚联邦使用美元。美元硬币的面额有 1 美分、5 美分、10 美分、25 美分、50 美分、1 美元；纸币的面额有 1 美元、2 美元、5 美元、10 美元、20 美元、50 美元、100 美元。

(二) 汇率

在密克罗尼西亚联邦，美元可以和人民币、澳元和欧元等多种货币兑换。2017 年 1 月，美元对主要外币的汇率如表 3-4 所示。

表 3-4 密克罗尼西亚联邦美元汇率

货币	面值	当前汇率	可兑换的美元
人民币	100	0.14518	14.518
港币	100	0.12874	12.874
新台币	100	0.03310	3.310
澳门币	100	0.12498	12.498
澳元	100	0.76640	76.640
欧元	100	1.07585	107.585

资料来源：本国外汇交易中心，http://www.chinamoney.com.cn。

五 语言帮助

密克罗尼西亚联邦日常用语具体如表 3-5 所示。

表 3-5 密克罗尼西亚联邦语日常用语及其汉英对照

汉语	英语	雅浦语
你好 (礼貌问候)	Hello (General greeting)	Mogethin
你好吗？	How are you?	Ke urgom boch?
回复"你好吗？"	Reply to "How are you?"	Maenigiil
你的名字是什么？	What's your name?	Minii' e fithngam?

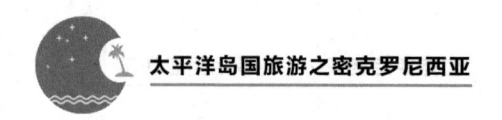

续表

汉语	英语	雅浦语
我的名字是……	My name is...	Fithngag ea...
早上好（礼貌问候）	Good morning（Morning greeting）	Fal'e kadbul
下午好（礼貌问候）	Good afternoon（Afternoon greeting）	Fal'e misii
晚上好（礼貌问候）	Good evening（Evening greeting）	Fal'e baleyal
再见（临别短语）	Goodbye（Parting phrases）	Kafel Kefel Taboch Gow
是的	Yes	Ea
不是	No	Danga
我不知道	I don't know	Daagnaanga
打扰了	Excuse me	Siro Siroeq
这个多少钱？	How much is this?	Iyin pulwon?
请	Please	Winig
谢谢	Thank you	Kammagar
答复"谢谢"	Reply to "Thank you"	Daariy
我爱你	I love you	Gu ba'adag em

六　网络与通信

密克罗尼西亚联邦设有电话、电报、互联网、邮政和地面卫星设施。2010年3月，关岛与波纳佩州之间接通海底光缆。2014年，波纳佩州开通3G网络服务。目前，密克罗尼西亚联邦政府正在积极配合世界银行实施密克罗尼西亚联邦各州和帕劳之间的海底光缆互通工程。

（1）固定电话

在密克罗尼西亚联邦，也可以拨打固定电话，具体方式如下。

在密克罗尼西亚联邦境内往中国拨打电话方式："011 + 86 + 城市区号 + 对方电话号码"。例如，拨打北京电话，拨"011 + 86 + 10 + 00000000"。

从中国往密克罗尼西亚联邦拨打电话方式："00 + 691 + 密克罗尼西亚联邦当地号码"。

拨打电话按国别收费，拨往中国，高峰时段为 1.75 美元/分钟；非高峰时段为 0.9 美元/分钟。购买电话预付卡拨打，每分钟的费用分别为 1.5 美元和 0.75 美元。

（二）移动通信和互联网

国内手机无法在密克罗尼西亚联邦漫游，需要购买当地的 GSM 制式 SIM 卡。各州均提供因特网服务，但覆盖面不广，网速较慢。一些酒店提供无线网络服务，但须购买充值卡。

七　安全信息

（一）关于健康

当地水源及市场销售的自产鱼、猪肉、蔬果类等食品一般无污染，进口食品主要来自美国，未发现有食品安全问题。特别提示：用当地传统方式制作的食品卫生较差，有时会导致腹泻。

（二）关于安全

密克罗尼西亚联邦民风淳朴，社会治安良好。个别区域时有偷盗、斗殴发生，应注意防范。密克罗尼西亚联邦属于热带海洋性气候，偶有海潮上岸，飓风侵袭，受厄尔尼诺现象影响，也偶有干旱发生。台风、地震等毁灭性自然灾害比较少见。特别提示：请留意当地政府公告或中国驻密克罗尼西亚联邦大使馆发布的旅游提示。

(三) 紧急电话

为了应对突发情况，密克罗尼西亚联邦各州都有自己的紧急电话，具体见表3-6。

表3-6 密克罗尼西亚联邦各州紧急电话

州名	警察	消防	救护车	医院
波纳佩州	320-2221	320-2223	320-2213	111
丘克州	911	330-2222	330-2444	330-2444
雅浦州	911	350-3333	350-3446	350-3446
科斯雷州	911	370-3333	370-3012	370-3012

马绍尔群岛

第一节 国家速写

一 国名

马绍尔群岛全称马绍尔群岛共和国（Republic of the Marshall Islands），其名字来源于一位英国航海家。1788 年，英国"第一舰队"押送 700 多名犯人抵达澳大利亚植物湾（Botany Bay），"第一舰队"由 11 艘舰船组成，约翰·马绍尔担任"斯卡马勒"号的船长。任务完成后，约翰·马绍尔船长驾船前往中国广州购买货物以便回国售卖。在由澳大利亚驶往广州的途中，马绍尔船长在拉塔克群岛（Ratak Chain Islands）的米利环礁（Mili Atoll）登陆，在此地进行勘测，并以自己的名字命名该群岛。

英语"Marshall Islands"按读音应译为"马歇尔群岛"。约翰·马绍尔船长与曾到中国调停内战的美国特使乔治·马歇尔（George Catlett Marshall）属本家同姓，但由于当时翻译混乱，一姓两译。虽然汉译名"马绍尔群岛"翻译得并不准确，但由于该译名已经广为流传，无奈之下只得作为惯用译名予以采用。[①]

[①] 周定国：《马绍尔群岛共和国剪影》，《海洋世界》1997 年第 5 期，第 10~11 页。

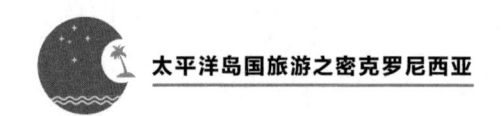

二 地理

马绍尔群岛位于密克罗尼西亚东端,东靠国际日期变更线,北方为威克岛(Wake Island)(美),东南方为基里巴斯,南方为瑙鲁(Nauru),位于夏威夷西南约3200公里、关岛东南约2100公里处,具有十分重要的军事战略地位。作为南太平洋上的战略要地,美国将马绍尔群岛设为美军太平洋防御体系的重要支点,在马绍尔群岛建有军事基地、弹道导弹试验基地及相应的军事科研中心。日本与美国于二战期间为争夺马绍尔群岛发生激战,对群岛的自然环境造成了巨大破坏。

马绍尔群岛国土面积约181平方公里,海域面积200多万平方公里,由29个环礁岛群和5个小岛组成,均为珊瑚岛。1200多个大小岛礁形成西北—东南走向的两大链状岛群。位于东南的为拉塔克群岛,也叫日出群岛;位于西北的为拉利克群岛(Ralik Chain Islands),也叫日落群岛。两群岛之间相隔约208公里。马绍尔群岛的主要岛礁有34个,其中10个岛礁无人居住;所有环礁均为低洼环礁。在众多环礁中,最著名的是由90多个珊瑚礁小岛组成的贾卢伊特环礁(Jaluit Atoll),南北长80公里,东西最宽约20公里,呈椭圆形,环礁上建有贾卢伊特自然保护区。

马绍尔群岛为珊瑚岛礁,其环礁呈环形或马蹄形,以玄武岩质海底火山为基座,由珊瑚碎屑、沙子及腐殖土构成,且被封闭或半封闭的礁湖或潟湖围拥。马绍尔群岛地势低洼,平均海拔仅2米,陆地面积小,极易遭到热带风暴的侵袭。近年来,全球气候变暖以及西太平洋地区海平面的急剧上升使马绍尔群岛面临巨大威胁。马绍尔群岛的许多地方,一面朝向大海,另一面朝向潟湖。境内没有山脉河流，土壤贫瘠，除了几种主要作物面包树、椰子和芋头外，几乎没有其他植被。

马绍尔群岛属热带海洋气候，终年湿热，雨量充沛。年均降雨量3000毫米，年平均气温27℃，年温差较小，无四季之分，一年分为雨季和旱季。雨季为每年的4～10月，气候潮湿闷热，气温一般为30℃～35℃；旱季为11月到次年3月，降雨较少，气温在21℃～25℃。不同地区的降雨量差异很大，南部各岛年降雨量在3000毫米左右，北部各岛则干旱少雨。马绍尔群岛海域面积广阔，海底蕴藏有钴壳和锰结核等矿产资源，有些岛屿蕴藏磷酸盐。

马绍尔群岛人口结构单一，马绍尔人占全国总人口的绝大多数，占比约为90%，混血马绍尔人占5%左右，其他少数群体包括科斯雷人（Kosrae）、菲律宾人、美国人、华人及来自其他太平洋岛国的人。自1980年开始，马绍尔群岛人口持续增加，由于地少人多，人口密度较大。根据2016年的统计，马绍尔群岛人口为53114人，人口年增长率为0.14%。[1] 全国约75%的人口集中于马朱罗环礁与夸贾林环礁，其余人口居住于其他较偏远的岛礁，另有很多岛礁无人居住。近几年来，由于外岛居民外迁，主要环礁马朱罗环礁、夸贾林环礁与贾卢伊特环礁的人口有所增加，而其他环礁的人口有所下降。经济结构的转变及就业机会的缺乏迫使外岛居民外迁谋生。有资料显示，2004～2011年，马绍尔群岛每年净增人口在1396～1630人。但是，外迁人口多于迁回马绍尔群岛的居民或新增移民。

---

[1] Worldometers, http：//www.worldometers.info/world-population/marshall-islands-population/，最后访问日期：2017年5月12日。

马绍尔人为密克罗尼西亚人的一支，属于印度尼西亚人、美拉尼西亚人和波利尼西亚人的混合类型。马绍尔群岛的种族构成与语言文化在不同程度上受到西面的菲律宾和印度尼西亚、南面的美拉尼西亚和东面的波利尼西亚三个地区的影响。典型的马绍尔人的肤色比加罗林人浅，文化与体制则和波利尼西亚人相近。

马绍尔群岛宪法规定宗教信仰自由。据统计，马绍尔群岛人口中，联合基督教会信徒占 51.5%，神召会信徒占 24.2%，罗马天主教会信徒占 8.4%，末日圣徒教会信徒占 8.3%，浸礼会信徒占 1.0%。[1] 伊斯兰教为马绍尔群岛的少数派宗教，境内的穆斯林都属于伊斯兰教少数教派——阿默德教派。马绍尔群岛的宗教信仰虽受外来宗教的影响比较大，但其原始宗教都或多或少地保留下来。原始宗教的神灵多以星座的形式呈现。

由于国土狭小，马绍尔群岛未正式划分行政区。为了管理方便，马绍尔群岛政府在行政上将全国划分为市和村。市由选举产生的地方行政官和地方会议管理。市下设村，村由传统的村政府管辖。全国共有 24 个市，由此构成 24 个市政区域，分别对应有人居住的 24 个岛礁。这 24 个市政区域也是马绍尔群岛的 24 个立法选区，因此人们常以岛礁为单位划分马绍尔群岛的行政区，包括马朱罗环礁、夸贾林环礁、奥尔环礁、阿尔诺环礁和艾卢克环礁等 24 组环礁。

三 历史

根据马绍尔群岛的神话，马绍尔人的始祖为来自马绍尔群岛神秘之地的两姐妹。这一神秘之地位于群岛西部，被称为"伊布"（Eb）。妹妹名为丽娃图伊姆尔（Liwatoinmour），意为"来自生命

---

[1] 刘丽坤、李静：《马绍尔群岛》，社会科学文献出版社，2016，第 21 页。

起源之地的女人",住在拉利克群岛的纳穆环礁(Namu Atoll);姐姐名为利瑞布莉(Liribrilbju),住在拉塔克群岛的奥尔环礁。两姐妹化身石柱,这些石柱所在的地方成为两大群岛主要氏族的起源之地。

考古学家研究表明,公元前2000～前500年,第一批密克罗尼西亚人迁移至马绍尔群岛,并称其为"我们的岛屿"(Aelon Kein Ad)。"密克罗尼西亚人向马绍尔群岛迁移的主要原因为躲避战争、寻找生存空间以及寻求冒险,但其抵达群岛的具体时间难以确定。"[1] 关于马绍尔群岛移民的主流理论认为,马绍尔群岛的早期移民来自东南亚。约在5000年前,早期移民的始祖由东南亚迁出。随着农业的发展与航海技术的提高,他们沿美拉尼西亚(Melanesia)向东南方向迁徙,在2000～3000年前抵达太平洋中部。第一批东南亚移民在马绍尔群岛北部登陆,逐渐占据了群岛的两大岛链——拉利克群岛和拉塔克群岛。早期移民称他们所占据的群岛为"Iollelaplap",意为"辽阔的海域",构成现在马绍尔群岛共和国的基本版图。数千年来,马绍尔群岛的居民一直生活在与世隔绝的状态中,直到大航海时代西方航海家到来。

1526年,西班牙航海家阿隆索·德·萨拉查(Alonso de Salazar)偶然发现了马绍尔群岛,成为第一位发现该群岛的欧洲人。萨拉查将其新发现的群岛命名为圣巴尔托洛梅群岛(San Bartolomé)。由于未找到合适的停泊点,萨拉查放弃了在该群岛登陆的尝试,自行离开。1564年,西班牙国王派遣米格尔·洛佩斯·德·莱加斯皮(Miguel López de Legazpi)率舰队远赴菲律宾寻找出产香料的岛屿。在前往菲律宾的途中,莱加斯皮率领的船队途经马

---

[1] Republic of the Marshall Islands' official website, http://www.rmiembassyus.org/index.php/about/marshall-islands/history, 最后访问日期:2018年3月22日。

绍尔群岛并在其附近停泊。在此期间，船员洛佩·马丁发动兵变，与同伙杀害船长，夺取了"圣赫罗尼"号。之后"圣赫罗尼"号再次发生兵变，叛变者夺取了控制权，驶离群岛，将洛佩·马丁及26名船员留在岛上。自此以后，马绍尔群岛再次陷入与世隔绝的状态。

1767年，英国航海家塞缪尔·瓦利斯（Samuel Wallis）在驶经太平洋时偶然观测到马绍尔群岛中的两个岛屿。1788年，由约翰·马绍尔担任船长的"斯卡马勒"号在驶往中国广州的途中发现了现在以他名字命名的群岛——马绍尔群岛。马绍尔船长在拉塔克群岛的米利环礁登陆，后来陆续发现了阿尔诺环礁、马朱罗环礁、奥尔环礁、沃杰环礁、艾卢克环礁和马洛埃拉普环礁。马绍尔船长的发现，使马绍尔群岛的地理位置被重新确定。1817年德国航海家及探险家奥托·冯·科策布（Otto von Kotzebue）访问马绍尔群岛时，它基本未受到外来文化影响。铁制品、刀子、山羊、猪、猫、狗等对马绍尔人来说十分新鲜，科策布将这些物品赠送给当地居民。这些物品使马绍尔群岛的居民接触到外界的新鲜事物。19世纪30年代以后，马绍尔人一直不断地攻击路过的船只和在马绍尔群岛登陆的西方人，但美国海外传教士仍在马绍尔群岛传教。美国传教士在马绍尔群岛修建教堂和学校，传播基督教、普及知识，逐渐改变了当地居民的宗教信仰和生活方式。

19世纪中期，英国在太平洋地区的实力快速增长，德国不敢在未经过英国的同意下吞并马绍尔群岛。1876年，德国与英国达成划分势力范围的协议。协议达成后，英国撤离马绍尔群岛，德国获得对马绍尔群岛的实际控制权。随着德国在太平洋地区贸易优势的扩大，德国商人要求政府吞并马绍尔群岛以确保德国商人的利益。德国首相奥托·冯·俾斯麦（Otto von Bismarck）向英国寻求对其吞并马绍尔群岛的支持，英国与德国又一次就殖民政策达成协议。1886年，在英国的支持下，德国正式吞并马绍尔群岛，马绍尔群岛沦为德国的殖民地。由于德国与马绍尔群岛相距遥远，德国政府委托贾卢伊特公司代为治理。贾卢伊特公司成为治理马绍尔群岛的实体。1906年，德国政府正式取消了贾卢伊特公司对马绍尔群岛的管辖权，开始对马绍尔群岛实施直接统治。德国政府为马绍尔群岛提供了一些基础服务，其他的社会管理职能转由公司和教堂来承担。这些公司和教堂成为推动马绍尔群岛社会进步的主要力量。

1914年8月，日本向德国宣战，出兵攻占了密克罗尼西亚地区。1917年，国际联盟将前德属殖民地密克罗尼西亚的托管权授予日本。日本统治期间，马绍尔群岛的行政中心位于贾卢伊特环礁，整个马绍尔群岛被称为贾卢伊特行政区。根据日本占领当局为马绍尔群岛岛民制定的法律，平民与酋长在法律上是平等的，这一原则与当地社会传统的等级结构截然对立，并与之相冲突。日本占领当局颁布政令禁止平民向酋长进贡，这进一步削弱了酋长的传统权威。日本占领当局还打破了马绍尔群岛原有的社会结构，促进了马绍尔群岛经济的货币化，推动了当地商品经济的发展。第二次世界大战期间，日本将马绍尔群岛作为军事基地。

1944年，美军攻占了马绍尔群岛及太平洋的一些岛国，在马朱罗环礁建立了行政总部。三年后，联合国将马绍尔群岛交由美国托管。1969年，马绍尔群岛、密克罗尼西亚和帕劳一起开始与美国就未来政治地位进行谈判。1979年，马绍尔群岛制定了第一部民族宪法，成立了第一届民选政府。根据宪法，马绍尔群岛的政治体制为总统制，总统由国会选举产生。阿玛塔·卡布阿（Amata Kabua）当选马绍尔群岛第一任总统，这标志着马绍尔群岛自治的开始。1986年,马绍尔群岛与美国正式签订了为期15年的《自由联系条约》。根据该条约,美国将保留对马绍尔群岛安全与防务的全面权力,群岛获得完全自治,并具有外交自主权,但不能加入联合国。

1986年10月21日,马绍尔群岛共和国宣布独立,成为享有内政外交自主权的国家。1990年12月22日,联合国安理会通过了终止太平洋岛屿托管地托管协定的决议,正式结束马绍尔群岛的托管地位。1991年9月17日,马绍尔群岛共和国正式成为联合国成员。

四 政治

1979年制定的第一个民族宪法规定马绍尔群岛实行总统制,总统为国家元首和政府首脑,由国会选举产生。实际上,马绍尔群岛的政治体制为议会制与总统制混合体。虽然存在政党,但大多是松散的联盟,凝聚力不强且制度不完备。国会只有33名议员,若少数议员倒戈,便会导致政府不稳定甚至垮台。反对派常利用政党组织的涣散以及常见的变换门庭,发起针对现任政府的不信任投票,由此导致政府内阁的不稳定和政局的混乱。

根据马绍尔群岛共和国宪法,总统为国家元首和政府首脑,从议员中选举产生,执掌行政权力,领导和管辖行政机构。在总统缺位期间,由议长代理国家元首。内阁部长从国会现任议员中产生,由总统任命,这一任命需要得到国会的批准。内阁掌握行政权力,内阁成员集体对国会负责。内阁由总统及总统提名、国会任命的10名部长组成,任期4年。

马绍尔群岛的立法机构为国会,实行一院制,执掌立法权,由33名议员组成。国会在每年1月的第一个星期一召开会议，会期50天。全国被划分为24个立法选区，大致对应马绍尔群岛有人居住的环礁。议员从24个立法选区中所有18岁以上的公民中以普选的方式选出，任期4年。在国会中，任何一位议员都可以提出议案，议案在国会经过三读通过后，经议长签署即可成为法律。

马绍尔群岛共和国的司法权独立于立法权与行政权，由宪法保障其独立运行。司法权属于各级法院，包括最高法院、高等法院、传统权力法院、区法院、社区法院以及其他附属法院。

目前，中国与马绍尔群岛并无外交关系。两国于1990年11月16日建交。1991年2月，中国在马绍尔群岛设立大使馆，并于7月派驻大使。1992年2月，马绍尔在中国设立大使馆并派遣常驻大使。1998年，两国关系突变；12月11日，中国宣布中止与马绍尔群岛的外交关系，撤回大使并撤馆。

五 经济

联合国将马绍尔群岛共和国列为小岛屿发展中国家。目前该国的经济结构处于自然经济到商品经济的转型期。2017年，马绍尔群岛的人均国民收入为4241美元。[①]

马绍尔群岛的出口规模远远小于进口规模，对外贸易连年赤字，且居高不下，岛民的工作机会也在减少。进口商品主要为食品、燃料、烟草、建材、汽车和机械设备等。在政府的控制之下，国民经济逐渐稳定，并于2011年之后持续增长。2014年，马绍尔群岛经济增长率达到3.2%，高于2013年的2.3%。2014年，马绍

---

① 世界银行网站，http://chinese.doingbusiness.org/data/exploreeconomies/marshall-islands。

尔群岛的主要出口商品椰干的产量接近历史最高水平。但马绍尔群岛政府的财政独立目标依然尚未实现，其财政状况仍然不乐观。2014年，马绍尔群岛接受的外援几乎占其国内生产总值的70%，对外援的依赖比较严重。2016年，美国削减了对马绍尔群岛的援助，这危及马绍尔群岛政府的财政收支平衡。随着与美国签署的《自由联系条约》临近期满，马绍尔群岛政府的财政来源面临巨大挑战。1996年以来，马绍尔群岛政府迫于形势压力，为发展经济、开辟新的财政来源，采取了一些改革措施，包括引进市场机制、开发旅游和渔业资源、吸引外资、裁员等，对促进经济发展起到了一定的作用。

马绍尔群岛的农业规模相对较小，但对于民生与经济至关重要，主要作物为粮食作物和经济作物。粮食作物包括面包果和露兜果，主要经济作物是椰子。马绍尔群岛的椰干由国有企业托铂乐（Tobolar）椰干加工厂统一收购。作为由珊瑚岛礁组成的国家，海洋资源是马绍尔群岛赖以生存与发展的重要基础。渔业日渐多元化，传统的捕捞业得到进一步发展，海产品加工业与转运业逐渐兴起。马绍尔群岛的旅游业具有很大的发展潜力。美国是马绍尔群岛第一大客源国，日本、澳大利亚、新西兰和密克罗尼西亚联邦也是马绍尔群岛重要的客源国。2011年，到访马绍尔群岛的游客约为4000人次。

六 文化

马绍尔文化对外来文化的态度是开放的、包容的，在漫长的历史发展中，先后受到德国、美国、日本和其他太平洋岛国文化的影响。本国独特的文化风情与外来文明的相互交融，使马绍尔文化展现出多姿多彩的魅力与吸引力。

(一) 语言

马绍尔群岛的官方语言为马绍尔语和英语,但政府机构用语为马绍尔语。马绍尔语是马绍尔群岛的本土语言,属于南岛语系。马绍尔群岛政府的所有文件都使用英语,但本国一些年长者因历史原因会讲日语。西班牙、德国、美国、日本先后的殖民统治与托管,以及马绍尔人与其他太平洋岛民的通婚,使马绍尔人通晓多种语言。马绍尔群岛流传着一种传统古语,名叫"Kajin etto",一些年长者仍然会使用古语诵咒,但是大部分咒语的意义已无人知晓。

(二) 体育运动

2001年,马绍尔群岛创建了马绍尔群岛国家奥林匹克委员会。2006年,马绍尔群岛加入国际奥委会,成为国际奥委会第203个成员,同时也是太平洋国家奥林匹克委员会的成员。2008年,马绍尔群岛首次派运动员参加在中国北京举办的夏季奥林匹克运动会。在马绍尔群岛,水上运动非常流行,当地人也十分擅长各种类型的水上运动。闲暇时,当地人会结伴出海游玩。海钓是新兴的海洋旅游休闲项目,海钓融渔业、休闲游钓、旅游观光为一体,被称为"海上高尔夫"。[①] 在马绍尔群岛流行的海钓主要包括大鱼赛、铁板钓、飞绳钓和深海底层鱼垂钓。此外,乒乓球、跆拳道、举重和摔跤在马绍尔群岛也十分流行。

(三) 传统工艺

1. 手工编织品

马绍尔群岛的女性擅长编织精美的手工艺品,所编织的手工艺品的材料都是取自天然。她们会用椰子和露兜树纤维编成扇子、挂垫、腰带、手提包以及帽子等,工艺复杂精美的篮子会以贝壳作为装

[①] 魏小安、陈青光、魏诗华:《中国海洋旅游发展》,中国经济出版社,2013,第19页。

饰。这些手工艺品兼具观赏性与实用性，是作为游行纪念的最好选择。

2. 贝壳工艺品

马绍尔群岛海滩上的贝壳五光十色。聪明手巧的妇女用贝壳做成各式各样的工艺品，如挎包、花瓶、项链、台灯、挂毯和各式各样的小动物等，造型别致。按当地习俗，在迎宾仪式、签署协议、签订合同、部族结盟等重要场合，马绍尔人都要给客人佩戴贝壳颈环。

3. 传统帆船

马绍尔人临海而居，独木舟对当地人的出行至关重要。制造独木舟的木材取自面包树，用椰子树皮编织的绳子将木块绑缚在一起制造而成。传统的三角帆一般是妇女用露兜树树叶编织而成。马绍尔群岛的传统独木舟主要有双体舟（Double Canoe）、瓦拉普（Walap）、蒂平诺（Tipnol）和柯尔克尔（Korkor）。

4. 木枝航海图

马绍尔人以擅长航海著称，独特的木枝航海图（Stick Chart）为安全出行保驾护航。木枝航海图是人类制图史上的伟大贡献。通过领会航海图，岛民可以掌握波浪、洋流的规律，通过波浪、洋流进行导航。典型的木枝航海图主要分为三种，分别是为美途（Meto）、雷贝里布（Rebbelib）和玛特堂（Mattang）。第二次世界大战后，随着新航海科技的出现，木枝航海图与依靠波浪洋流导航的航海时代成为历史。[①]

（四）礼仪与习俗

1. 思春仪式

在马绍尔群岛，男子长到十五六岁就可以和女子结婚，此时要举行思春仪式。在仪式上，男子须剃光额发，女子须剃眉、染齿、

---

① 蔡百铨：《南岛民族与国家：台湾篇·太平洋篇》，台北：前卫出版社，2010，第194页。

结发等，表示已到思春期。当酋长的女儿举行思春仪式时，酋长管辖下的人民都要携食物、鲜花等礼品前去庆贺。酋长女儿举行仪式期间，青年男子将全身涂上椰子油，在位于礁湖附近的小屋内接受巫师的洗礼，再到海滨驱邪。这一行为意在祛除不详，让上天赐予吉祥。在之后的两三周内，男子闭居于小屋，严格斋戒。白天绑紧伸直的双脚，身体不动，处于安静状态，夜间横卧在席上。同时，岛上的女子食宿在邻室，一直相伴到仪式结束。仪式一结束，人们就大办宴席。当夜，氏族中的长者散发花蕾，人们举行狂欢活动。[①]

2. 文身

马绍尔群岛的居民十分重视文身习俗，在文身时必须举行隆重的祭神仪式。举行仪式时，人们捧着祭祀品，唱着祈祷歌，跳着敬神舞，场面十分热闹。他们认为，文身是神圣的行为，是由两位文身之神——里奥第和兰尼第传下来的。文身图案的灵感来源于自然，特别是大海，如贝壳、波浪、鱼等，再配以圆点、直线、曲线等元素，构成常见的文身图案。

3. "夜晚爬行"

在马绍尔群岛，男女之间的感情很含蓄，不适宜公开表达，因此情侣一般会选择在晚上约会。这是马绍尔人恋爱的主要方式，称为"夜晚爬行"（kabbok driturin）。在夜晚，男子爬到靠近女子的房间，向其房间抛扔一颗鹅卵石以引起女孩的注意。

4. "Lokwe" 问候

"Lokwe"是马绍尔人常用的问候语，几乎可以用在任何场合。根据音调的变化，有"你好""再见""爱""开心"等含义。在特定场合，也可表达沮丧、悔恨和懊恼之意。

---

① 张定亚主编《简明中外民俗词典》，陕西人民出版社，1992，第576页。

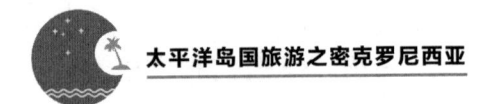

5. "瞻步"

马绍尔人热情好客，与邻里相处十分融洽。马绍尔人常常通过拜访来增进与朋友们的感情，拜访是马绍尔群岛社会的重要社交方式。步行或乘船去朋友家里做客是岛民生活的重要组成部分，这一社交方式被称为"瞻步"（Jambo）。被拜访的家庭不吝制作各式各样的美食与朋友们共享，这会使他们感到开心。

（五）重要节日

1. 解放日

马绍尔群岛的不同地区在第二次世界大战后解放的时间不一样，所以各地区庆祝解放日（Liberation Day）的时间也不同，而且以不同的方式庆祝。马朱罗环礁会在解放日当天举办激动人心的独木舟竞赛；夸贾林环礁会举行热闹非凡的游行活动；埃贝耶的学校的老师会带领学生举行户外活动。

2. 元旦

元旦也被称为"新历年"，即每年的1月1日。马绍尔人十分注重团聚，希望能与家人一起回忆过去一年的点点滴滴，并迎接新年的到来，祈祷家人健康幸福、生活美满。在这一天，人们脸上挂满笑容，互相送上最真挚的祝福。

3. 核武器受害者纪念日

1947年，马绍尔群岛作为联合国托管地交由美国管理。1947～1958年，美国不顾岛上居民的安危，共在马绍尔群岛进行了67次核试验。其中，最大的一次核试验代号为"布拉沃"（Bravo）。1954年3月1日，一颗威力相当于600万吨TNT的氢弹在比基尼环礁被引爆。专家称，此次核试验中被引爆的氢弹的威力是广岛原子弹的1000多倍。1956年，美国原子能委员会认定马绍尔群岛是

"迄今为止世界上污染最严重的地方"。马绍尔群岛在独立后向海牙国际法庭起诉美国，并在每年的3月1日设立核武器受害者纪念日，以警示后人核武器的危害。

4. 椰子杯帆船赛

每年3月末或4月初，马绍尔群岛都会在马朱罗举办椰子杯帆船赛（Coconut Cup Regatta）。豪华游艇和马绍尔传统的手工独木舟，都可以参加这场独特的帆船赛事。参赛的独木舟完全采用可回收利用的材料建造。马绍尔群岛的度假胜地每年都会迎来来自世界各地的游客和帆船爱好者，比赛胜利者可以获得具有马绍尔群岛风情的奖品。

5. 宪法日/国庆日

宪法日/国庆日（Constitution Day）在马绍尔群岛是一个法定节假日，时间为每年的5月1日。1979年5月1日，马绍尔群岛宪法生效，建立了自治政府。1982年，马绍尔群岛更名为马绍尔群岛共和国。在这一天，政府举行队列检阅，当地人也会举行游行活动来庆祝独立。学校组织老师与学生参加各种各样的活动，如篮球、女子垒球、男子棒球、排球和足球比赛。社区和度假区也会举办热闹的户外活动。

6. 渔民节

马绍尔群岛岛礁众多，渔业资源丰富，是捕鱼爱好者的天堂。渔民节（Fisherman's Day）为每年7月第一个星期五，作为公共节日，这一天马绍尔群岛的钓鱼俱乐部都会举行钓鱼比赛。船一般在天刚蒙蒙亮时出发，下午五点左右归来，之后对捕获的鱼进行称量。捕鱼最大、最多、最重的人将获得丰厚的奖品。

7. 风俗节

想要感受马绍尔群岛的文化与风情，风俗节（Manit/Custom

Day）是最不可错过的节日。风俗节为每年9月的最后一个星期五，这一天岛上的每个人都可以摆货摊，售卖当地特色食品或手工艺品。在众多的比赛和活动中，编织篮子和剥椰子壳是最具有趣味性、最受欢迎的活动。学校的学生会通过表演传统舞蹈、短剧和演唱传统歌曲的方式来保护传统文化、促进新文化的发展。

第二节　国家亮点

一　体验

（一）出海捕鱼

因为拥有优越的地理环境和丰富的渔业资源，马绍尔人十分擅长捕鱼。清晨跟随当地居民的渔船出海，不仅可以欣赏到太阳初升时的美景，还可以品尝到味道鲜美的海鲜，长相奇特的鱼类也能使人大开眼界。

（二）社交

外岛上的马绍尔人十分热情好客，常邀请路人到家里做客。客人可以品尝到主人自制的椰子汁、咖啡或其他饮品，氛围轻松的聊天是打发时间的好方式。游客可以坐在主人家的草席上，这些草席用露兜树树叶编织而成。当地人习惯在落座之前脱掉便鞋，男士盘腿而坐，女士双腿向一边蜷曲而坐。落座后女士会非常小心地盖住大腿以示礼貌。马绍尔人十分喜爱躺着聊天，头枕着石头、椰子或窗台板。到当地人家里做客，可以更近距离、更切身地感受马绍尔群岛的风土人情与文化氛围。

（三）下海捉鳌

夜晚，人们可以在当地人的带领下，手拿防水手电筒，身着潜水镜和脚跳等用具，下海捉鳌。当发现在深海中遨游的海鳌时，可迅速冲其打开手电筒，强光的突然照射会使海鳌在短时间内失去意识，可趁机将其捕获。

二 美食

（一）椰子

椰子是马绍尔群岛最重要的可食用的植物果实，产量丰富，当地人一般会自制椰汁和椰干。在马朱罗、埃贝耶等地，随处可见售卖椰子的摊贩。

（二）金枪鱼

金枪鱼是游客来到马绍尔群岛最不可错过的一道美食。据马绍尔群岛资源发展部介绍，马绍尔群岛的海域聚集着大量金枪鱼，其中以蓝鳍金枪鱼最为著名，是所有"海边杀生鱼"中的佼佼者。蓝鳍金枪鱼肉质细腻鲜嫩，肉多且无刺，营养丰富，以食用生鱼片的方式最能使游客原汁原味地品尝其鲜美，因此受到东南亚与美洲各国人民的青睐，是国际海鲜市场上的抢手货。日本、中国台湾甚至美国的船队常会远涉重洋，到马绍尔群岛海域捕捞金枪鱼，然后销往国际市场。对此，马绍尔群岛政府持欢迎与友好合作的态度。原因有以下三点：首先，引用国外先进捕捞设备与技术可开发本国资源，提高本国航海捕鱼能力；其次，可获得各种税收，增加外汇收入，缓解财政赤字，发展本国经济；最后，随着大批外国船员的到来，可带动本国服务业、旅游业的发展，为传统的特色手工艺品带来了巨大的市场。

(三) 海鲜宴

马绍尔群岛附近的海域生活着200种鱼类及其他水生动物，其中金枪鱼、石斑鱼、红鱼、旗鱼、鲣鱼、章鱼、珠母贝、海参、海蜇、海龟和龙虾的产量比较高。各大酒店以经营海鲜为主，游客在大大小小的酒店都可以吃到新鲜味美的海鲜。

三 购物

(一) 贝壳工艺品

马绍尔群岛海滩上的贝壳数量众多且光彩夺目。贝壳大都背部呈黑色、褐色或黄色，并带有各式各样的图案；腹部通常为白色。每遇海水落潮，贝壳借助于腹部的吸盘，吸附在浅滩的石头上。游客手提小桶，不多时便可满载而归。拾得贝壳后，将其埋入土中，经蚂蚁等昆虫的叮食与细菌的分解，一周左右壳内的肉全部腐烂后挖出用海水冲洗干净（不能使用淡水，否则壳背就会失去光泽），如此贝壳就成为璞玉般的精品。心灵手巧的妇女将这些小精品制成造型别致的工艺品，如挎包、花瓶、颈环、台灯、挂毯等，珍品迭出。一个贝壳花瓶价值50～80美元，颈环为20～30美元。当地商店里贝壳工艺品琳琅满目，令顾客目不暇接。马绍尔群岛的邮局发行有展示各种贝壳的纪念邮票，深受各国游客的喜爱。

(二) 鳌甲

过去，马绍尔人会将食用后的鳌甲丢弃，后来人们发现将鳌甲加工成工艺品后十分美观，可以挂在客厅供人欣赏或售卖。鳌甲的加工方法很简单，将鳌肉与内脏掏净后用海水冲洗干净（使用淡水会使鳌甲失去光泽），挂在通风处风干，去掉浮土，经过抛光，刷上清漆即成。一只宽45厘米、长50厘米的鳌甲价格在55美元左右。这对当地家庭来说算是一笔不小的收入。将鳌甲研磨成粉也可用来治疗风湿病（当地常见病之一）和软骨病。

（三）邮票

马绍尔群岛通过发行邮票向世界介绍国家的发展史、文化风俗以及美妙的风景，这对集邮爱好者来说具有收藏价值。马绍尔群岛邮政部门以贝壳为主题，发行过一套《马绍尔之最》系列邮票，共四枚，介绍了褐棘螺（Chicoreus Bruneus）、黄金宝螺（Cypraea Auratium）、水字螺（Lambus Chiragra）和鳞砗磲（Tridacna Squamosa）。这些贝壳均为马绍尔群岛海域特有的品种，使人们对马绍尔群岛有了更直观的认识。这套邮票总面值为 1.96 美元。

二战结束 50 周年之际，马绍尔群岛发行了相关的纪念邮票。关于二战历史的纪念邮票连续发行了七年，整整 100 套，共 157 枚。从设计角度来说，整个邮票系列很大气，将二战时的故事向人们娓娓道来，是不可多得的经典套票。

第三节 旅游中心地

一 马朱罗环礁

（一）速写

马朱罗环礁坐落于拉塔克群岛，南距阿尔诺环礁（Arno Atoll）约 21 公里，北距奥尔环礁（Aur Atoll）约 115 公里，西南距贾卢伊特环礁约 200 公里，西距艾林拉帕拉普环礁（Ailinglapalap Atoll）约 240 公里。马朱罗作为马绍尔群岛共和国的首都，是全国的政治经济中心。

4000 多年前，密克罗尼西亚人迁移到马绍尔群岛，分散在各环礁定居。马朱罗环礁是主要定居点。1884年，德国占领马绍尔群岛，在马朱罗环礁建立了贸易前哨站（Trading Outpost）。第一次世界大战期间，日本占领了马朱罗环礁。1920年，国际联盟授权日本管辖马朱罗环礁。太平洋战争爆发后，美国人从日本人手中夺取了马绍尔群岛。1947年，美国对马绍尔群岛进行托管，把军政管理机构设在马朱罗环礁，还建立了飞机场和港口。1986年，马绍尔群岛与美国签署的《自由联系条约》正式生效，这标志着马绍尔群岛独立，马朱罗环礁取代贾卢伊特环礁成为国家的行政中心。

马朱罗人以密克罗尼西亚人种为主，多信仰基督教和天主教，伊斯兰教的影响力也在不断扩大。早期殖民主义者对马朱罗的殖民统治，使本民族文化受到严重破坏。但其传统的习俗和固有的文化顽强地延续了下来，从服装、饮食、装饰、居室到日常生活习惯、社交礼仪，都体现了独特的民族风情。马朱罗民风质朴，人民性格开朗活泼，见面时会互道"Yokwe yuk"，意思为"对你的爱"（Love to you）。马绍尔大学、南太平洋大学马绍尔群岛分校、议会和中央政府均设于马朱罗。

马朱罗土地面积狭小，而且土质主要是珊瑚沙砾，水的渗透性强，不适于农作物生长，95%的食物依靠进口。近些年来，马绍尔群岛政府在外国的援助下进行了较为成功的蔬菜种植，包括无土栽培蔬菜。马朱罗的自然环境适宜芋头、木瓜和面包树等植物的生长，椰树更是比比皆是，椰干是马绍尔群岛的主要出口商品。因椰子产量丰富，来源广阔，马朱罗的椰子加工厂对椰子进行制油试验，以期用椰油代替柴油作为汽车、船舶的燃料。马朱罗处于太平洋深处，海洋资源丰富，以渔业为主，金枪鱼的产量最高。此外，马朱罗是马绍尔群岛的交通中心，建有货、客运海港，是马绍尔群岛重要的贸易、运输港口。

(二) 景点

马朱罗环礁的主要景点见图 4-1。

图 4-1 马朱罗环礁主要景点分布

1. 马朱罗和平公园

马朱罗和平公园（Majuro Peace Park）也被称为日本和平公园，毗邻阿马塔卡布瓦国际机场（Amata Kabua International Airport），由日本建造，其中有花岗岩纪念碑，以纪念在第二次世界大战中死于太平洋战争的日本士兵。在马朱罗环礁还有许多日本士兵纪念碑，马朱罗和平公园是其中最大最重要的一个。五颜六色的鲜花和按创意排列的岩石使公园颇具生机。

2. 阿莱勒博物馆

阿莱勒博物馆（Alele Museum）位于马朱罗环礁，以马绍尔群岛一种传统的篮子命名，是马绍尔群岛最大的博物馆，致力于保护马绍尔群岛的历史和文化。馆内所有展品都来自马绍尔群岛，包括传统独木舟、生产工具和其他文物。阿莱勒博物馆中的约阿希姆·德布鲁姆（Joachim Debrum）收藏品是历史上最具影响力的摄影作品集，包含超过2500张底片，记录了1880~1930年马绍尔群岛的生活和发展变化。Bogan系列以19世纪40年代马绍尔群岛手工艺品收藏家命名，他于 1994 年将整个系列慷慨捐赠给博物馆。客人还可以在礼品店购买纪念品。

电话：（692）6253372
网址：http://alelemuseum.tripod.com/index.html

3. 劳拉海滩公园

从马朱罗镇到劳拉海滩公园（Laura Beach Park）需要大约 1 个小时的车程。劳拉海滩公园位于马朱罗环礁最高点，海拔约 9 米，是马绍尔群岛最受欢迎的海滩之一，人们在此可以尽情享受日光浴、野餐。劳拉海滩公园每天都开放。

4. 1918 年台风纪念碑

1918 年，马绍尔群岛遭遇台风，岛上 200 多人在台风中丧生。为纪念受害者，政府在劳拉海滩公园角落的沿海道路上建立了一座大型纪念碑。日本天皇为马朱罗环礁的灾后重建捐赠了大量资金，此纪念碑同时也是向日本天皇表示谢意。

5. 马朱罗水族馆

马朱罗水族馆并不在室内，游客可从玻璃后观察到海洋生物。水族馆的一侧是太平洋，另一侧为潟湖。游客可以通过潜水与海洋生物互动，但在互动过程中需要有专业工作人员指导，不可以伤害生物。

6. 南太平洋大学马绍尔群岛分校

南太平洋大学成立于 1968 年，由 12 个成员共同所有，是全球仅有的两所区域性大学之一。马绍尔群岛是成员之一，马绍尔群岛分校位于马朱罗环礁。马绍尔群岛分校有很多专家和讲师，艾瑞娜·泰菲克（Irene Taafaki）自 1998 年以来一直担任分校总监。

南太平洋大学马绍尔群岛分校的其他信息见表 4-1。

表 4-1 南太平洋大学马绍尔群岛分校

校长	艾瑞娜·泰菲克博士
邮政地址	马绍尔群岛马朱罗邮政信箱 3537 号
电话	(692)6257279
电子信箱	taafaki_i(at)usp.ac.fj
传真	(692)2477282
办公时间	周一至周五,8:00~17:00
网址	http://www.usp.ac.fj/index.php?id=marshall_centre

（三）体验

在劳拉海滩公园，人们可以畅享悠闲时光。公园里有整套的潜水工具，吸引许多潜水爱好者聚集于此，人们还可以在沙滩上享受日光浴。

（四）住宿

1. 奥瑞格酒店

奥瑞格酒店（Outrigger Hotel）坐落于潟湖边，位于马朱罗环礁中心，距离马朱罗医院（Majuro Hospital）和国际会议中心（International Convention Center）分别有 10 分钟车程，距离马绍尔群岛国际机场（Marshall Islands International Airport）有 20 分钟车程。酒店为政府控股企业，由火奴鲁鲁奥瑞格连锁酒店负责管理和运营，拥有 150 个房间，是马朱罗客房最多的酒店。后改名为马绍尔群岛度假酒店，新增 140 间客房，成为马绍尔群岛最大的酒店。酒店内有餐厅、酒吧、网球场和游泳池等，其中餐厅提供各色美食，酒吧提供各种啤酒和小吃。客人可以体验潜水、划船和钓鱼等活动。

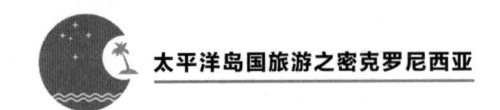

2. 罗伯特·赖默斯酒店

罗伯特·赖默斯酒店（Robert Reimers Hotel）是一家别墅式酒店，风格独特，也位于潟湖边，与风景融为一体。但酒店的入住率很低，交通不便成为制约游客到来的主要原因。酒店可为客人提供钓鱼、划独木舟、游艇、浮潜和户外烧烤等活动项目。

（五）餐饮

1. 米尔餐厅

米尔餐厅（Enra Restaurant）每天都有不同的主打菜。周二和周四的特价日式便当深受人们喜爱；周三的汤、三明治也十分美味；周五晚上有铁板烧烤，有乐队现场表演，当地许多公司会组织员工参加；周日的早、午餐具有马绍尔群岛特色。参照马朱罗当地的物价标准，米尔餐厅价格比较实惠。

2. 泰德餐桌

泰德餐桌（Tide Table）为美式风格，牛排和鱼排比较正宗，奶昔味美可口，但价格稍贵。装修很漂亮，氛围轻松悠闲，是放松身心的最佳选择。商务活动很适合在此进行。餐馆里也有酒吧，环境惬意、慵懒。

（六）购物

马朱罗的商业与购物区集中于丽塔（Rita），并延伸6.5公里至马朱罗环礁的东南角，即第二商业区、国会大厦与政府机构所在地。马朱罗最繁华的地方为迪加瑞岛、乌利加岛和代拉普岛，被称为DUD社区。现在的马朱罗市由南部岛屿发展而来，美国当局通过填海、架桥以及铺设公路将分散的岛屿连成一个一体化的城市。铺设的公路从最东端的丽塔村延伸至最西端的罗拉村。这两个村落的名称来自美国两位最有名的海报女郎丽塔·海华斯（Rita Hayworth）和劳伦·白考尔（Lauren Bacall）。随着人口的集中和经济活动的增多，马朱罗渐渐繁荣起来，成为马绍尔群岛最大的城市。

二　夸贾林环礁

（一）速写

夸贾林环礁位于马绍尔群岛中部，隶属于拉利克群岛。夸贾林环礁地理位置险要，是二战时期美国海军、空军基地以及反导弹基地，东北距夏威夷火奴鲁鲁3900公里，东距沃杰环礁（Wotje Atoll）约270公里，西距莱环礁（Lae Atoll）约116公里，南距纳穆环礁约75公里，北距朗格里克环礁（Rongerik Atoll）218公里。夸贾林岛是夸贾林环礁最南端和最大的岛。

1543年1月，西班牙探险队的鲁伊·洛佩斯·德比利亚洛沃斯发现了夸贾林环礁，并绘制出地图。他是夸贾林环礁的第一位欧洲发现者。1898年，德国从西班牙手中购买马绍尔群岛。1922年，国际联盟授权日本管理马绍尔群岛。起初，日本将夸贾林环礁作为椰干生产地和贸易港口。1941年太平洋战争爆发后，日本将其作为守备部队的指挥中心，使其成为日军在马绍尔群岛的主要海军基地。1943年12月，美军通过侦查发现夸贾林环礁具有极其重要的军事价值，并且岛上的日军正在外调，防御力量较弱，因此美军决定攻占夸贾林环礁。1944年2月，美军成功占领夸贾林环礁，并清剿了日军的零星残部。1986年10月21日，马绍尔群岛共和国宣布独立，夸贾林环礁逐渐发展起来。

马绍尔群岛政府规定，非马绍尔群岛公民不能购买土地，但可以租用。土地租用期限可达50年，并且可以续租。马绍尔群岛政府对外国投资者的借贷政策很宽松，没有限制资金返还的法律规定，同时还鼓励外国投资者扩大投资。国外资金的注入推动了夸贾

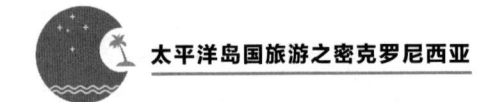

林环礁的经济发展。夸贾林环礁的土质为珊瑚沙砾，蓄水能力差，土壤贫瘠，不适宜农作物生长。岛上椰子树、芋头等传统作物产量较高，椰果经过进一步加工后销往其他岛屿或国家。夸贾林环礁拥有辽阔的海域，渔业资源十分丰富，捕鱼业是很多家庭的重要经济来源。

夸贾林环礁的土著居民主要为密克罗尼西亚人，岛上的外来人多为美国人。马绍尔语是官方语言，英语是通用语言。夸贾林环礁虽经历了战火摧残和外民族的入侵，但其传统文化依然保留得较好。

(二) 景点

夸贾林环礁主要景点见图 4-2。

● 夸贾林环礁
Kwajalein Atoll

埃贝耶
Ebeye
科利特娱乐中心
Corlett Recreational Center

图 4-2 夸贾林环礁主要景点分布

1. 科利特娱乐中心

科利特娱乐中心（Corlett Recreational Center，CRC）位于夸贾林环礁东北部，可以在室内进行篮球、排球、足球等活动。即使岛上大雨倾盆，游客也可到娱乐中心消磨时间。在夸贾林环礁，人们无论何时都不会感到无聊。

此外，岛上还设有九洞高尔夫球场、保龄球馆、图书馆、健身中心和电影院。

理查森剧院（Richardson Theater）是一个室外剧院，每周末放映面向家庭的免费电影。当地商店为外地游客提供木工学习机会，喜爱木制工艺品的人可以跟随工匠学习木艺制作；陶瓷和陶器爱好者也能够体验亲手制作陶器的乐趣。喜爱读书的人可以在格雷斯·舍伍德（Grace Sherwood）图书馆里阅读，图书馆中有许多关于南太平洋岛国的图书。

2. 埃贝耶

埃贝耶是贾林环礁中人口最多的岛屿，同时也是马绍尔群岛的文化中心。在这个36万平方米的小岛上，居民超过1500人。埃贝耶的一些居民是"布拉沃"核试验的难民或难民后裔，这场核试验在1953年3月1日进行，爆炸力达到15个百万吨级，爆炸还造成意想不到的核泄漏，爆炸物的灰尘覆盖了周围的朗格拉普环礁，厚达2英寸，附近的比基尼环礁也未能幸免。1954年，美国政府疏散了朗格拉普环礁的居民，于1957年重返该环礁并进行医疗监视。1985年，绿色和平组织将朗格拉普环礁的居民疏散到其他岛屿，埃贝耶就是其中的目的地之一。

（三）体验

1. 骑自行车

珊瑚环礁多窄而狭长，修建公路难度较大，所以在夸贾林环礁，骑自行车是人们的主要出行方式。夸贾林环礁被浩瀚的海水包围，风景十分秀美。租一辆自行车，沿着沿海公路骑行，海天一色的风景尽收眼底，绝不会错过一花一木。马绍尔群岛的道路上几乎没有交通标志和交通灯，因此骑行过程中应注意街道上的动物、嬉闹的儿童和行驶的车辆。

2. 出海捕鱼

因位于太平洋西部,夸贾林环礁的海洋资源十分丰富。游客可以租用船艇出海打鱼,畅快游玩,在大海深处拥抱海洋,切身感受海洋的魅力。从大海望向陆地,狭长的环礁一望无际,热带树木在风中摇曳,不一样的风景尽收眼底。游客出海捕鱼要在专业人士的指导下进行,学习航海和捕鱼技巧。

3. 探索无人居住的小岛

夸贾林环礁中有无人居住的小岛。在当地人的带领下,游客可乘船到达小岛。游客需要在码头付租赁船只费,有动力艇和传统的独木舟可供选择。在这些热带岛屿上,有其他探索者留下的痕迹。有野外生存能力的游客可以在当地居民的协助下,在岛上独自居住几天,享受静谧的独处时光。

三 比基尼环礁

(一)速写

比基尼环礁位于马绍尔群岛北部,由36个礁屿组成,中央为潟湖,长35公里,宽17公里,面积达594.1平方公里。比基尼环礁由德国航海家及探险家科策布发现。

1946年,美国将比基尼岛的居民迁至南部的龙厄里克岛和基利岛(Kili Island),将该岛作为核武器试验基地,美国从1946年到1958年共在马绍尔群岛进行了60多次原子弹和氢弹爆炸试验,其中规模最大的一次就在这座小岛上。时装界在当时发明了一种和女性内衣相差无几的泳衣,因为这种泳衣相当暴露,完全突破当时人们的传统思想底线,发明者认为其影响力无异于一次核爆炸,故以比基尼环礁的核试验命名为"比基尼泳衣"。2010年8月2日,在巴西利亚举行的第34届世界遗产大会上，比基尼环礁经联合国教科文组织世界遗产委员会批准，被正式列入《世界文化遗产名录》。

（二）体验

1. 沉船潜水

比基尼环礁利用二战沉船打造的沉船潜水在世界上颇具盛名，这些沉船包括美国海军的"萨拉托加"（Uss Saratoga）号航空母舰以及日本海军的"长门"（Hijms Nagato）号战列舰。"萨拉托加"号是世界上唯一可以通过潜水观赏到的航空母舰。它比泰坦尼克号还大，沉没在比基尼环礁咸水湖底部。

"长门"号战列舰是二战时日本海军的旗舰，参与袭击了珍珠港，在战后被美国海军俘获之后作为试验品，被核弹炸成一堆金属废墟，沉于海底。潜水者可以欣赏到陡坡、珊瑚顶、河床以及收帆索。比基尼环礁是想探寻残骸的潜水者的梦想之地。深水墙与残骸增添了潜水的多样性。

2. 海中热带鱼欣赏

观赏海底色彩鲜艳的热带鱼是比基尼环礁的特色旅游项目，游客可乘坐玻璃钢潜艇潜入五彩缤纷的水下世界，在碧绿的海草衬托下的形状各异的珊瑚礁石中，生活着无数的热带鱼，它们在潜艇四周穿梭，可观赏的鱼类多达200种。

比基尼环礁海面遭到严重污染，已经不适合人类居住，但海中生活着健康的生物种群。海底景观别有一番情趣，比陆地风景更加迷人。携带自携式水下呼吸器进行潜水活动是马绍尔群岛当地最有趣的活动之一。优美的水下景观、终年温和的气候、250多种硬壳珊瑚和软壳珊瑚以及超过1000种的鱼类，使越来越多的人想一睹海底世界。在海中畅游的人都对这奇妙的世界恋恋不舍，久久不愿上岸，仿佛想化身人鱼，永远与鱼儿相伴。海底各种奇形怪状的珊

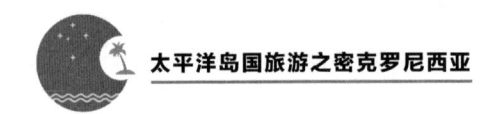

瑚类似陆地上的建筑物，珊瑚礁尖顶就像繁荣的城市中心地带。

游玩时需要注意以下几点：

（1）衣着不可过于暴露，男性和女性在浮潜和游泳时应尽可能少地裸露皮肤；

（2）准备常用药品，马绍尔群岛基本没有药店；

（3）商店不向未满21岁的人售卖酒水；

（4）冲浪或在沙滩散步时应穿上鞋子，海洋生物可能会将你咬伤，进而感染、中毒；

（5）不可触摸马绍尔人的头部，要尊重当地老人。

第四节　出行指南

一　行前准备

（一）护照与签证

1. 护照

旅客进入马绍尔群岛需要持有有效期不少于6个月的护照。

2. 签证

美属萨摩亚公民、密克罗尼西亚联邦、帕劳和美国的游客进入马绍尔群岛可免签证。

中国与马绍尔群岛尚未建立外交关系。中国公民入境马绍尔群岛须事先向马绍尔群岛移民局申请签证或到马绍尔群岛设有领事馆的第三国申请签证。澳大利亚、斐济、日本、韩国和中国台湾等国家和地区的游客，可以在抵达时办理抵达签证，但需要出具无艾滋病、结核病的健康证明。

马朱罗的入境签证由马绍尔群岛总检察长签发。游客通过电子邮件向移民局局长发出抵达马朱罗机场的入境签证申请，电子邮箱为 agoffice@ ntamar. net。抵达马绍尔群岛后通过电子邮件确认签发签证。

旅游签证有效期为 3 个月,需要花费 100 美元;商务签证费用为 300 美元。可花费 10 美元将签证有效期延长 60 天。离开马绍尔群岛时,需要支付 20 美元的税款,12 岁以下或 60 岁以上人士免征此税。如果来自感染霍乱的国家,必须提供免疫证明;若计划在马绍尔群岛工作或长时间居住,或者停留超过 30 天,则必须接受艾滋病检测。

(二) 物品携带

入境马绍尔群岛必备和禁止携带的物品种类见表 4-2。

表 4-2　入境马绍尔群岛必备和禁止携带的物品种类

种类	具体物品
必备物品	各类证件:护照、身份证、往返机票(船票)、酒店订单、旅行保险、国际旅行证件资料页(带照片)复印件 1 份等 货币:足够的现金(美元) 防晒用品:高倍防晒霜、防晒衣、墨镜、遮阳帽等防蚊虫产品:含有避蚊胺的驱蚊剂、蚊帐、蚊香,最好不要带电蚊香(以防度假村停电) 衣物准备:胶底凉鞋、泳衣、雨衣、雨伞、个人洗漱用品 用电准备:国外能正常使用的手机、手电筒、潜水相机 药箱:止泻药、云南白药喷雾剂、棉签、创可贴、感冒药等
需要向检疫部门出具证明的物品	进口鸟类、植物、水果等

二　出入境交通

密克罗尼西亚大陆航空、马绍尔群岛航空公司和瑙鲁航空公司为马绍尔群岛提供国际空运服务。马朱罗环礁是马绍尔群岛的航空基地,每周有定期航班飞往邻近的太平洋岛国。

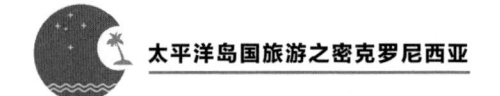

马朱罗环礁和埃贝耶之间有定期的国际海运航线，国际海运将美国西海岸、马绍尔群岛、夏威夷、密克罗尼西亚联邦以及远东联系在一起，每3~4周就有远洋船舶抵港。

三　境内交通

（一）海上交通

马绍尔群岛岛礁间、环礁间的海运服务由政府、私营企业与个人三方提供。负责管理国内交通与运输的是马绍尔群岛交通与运输部，其下属的马绍尔群岛海运集团在国内海运业务中占主导地位，其海运服务规模较大、稳定且完善。马绍尔群岛海运集团主要负责外岛的交通与运输业务。

（二）陆上交通

马绍尔群岛的交通规则不同于中国，车辆需靠右行驶。18岁以上的成年人才有资格开车上路。街道上的交通标志很少，没有红绿灯与人行道，所以在狭窄的环礁上驾车时一定要小心，及时避让其他车辆、行人和路上的野生动物。

马绍尔群岛的出租车较多，方便快捷，人们通常选择出租车出行。很多出租车司机选择在晚上和周末休息，所以这些时间不易打到出租车。马绍尔群岛的公交车班次较少，但经济实惠。若时间允许，乘坐公交车也是不错的选择。马绍尔人热情和善，乐于助人，游客可以选择搭便车。无论你是否与车主相识，都不会遭到拒绝。

（三）航空交通

马绍尔群岛国内有28个机场，但因年久失修，其中的16个已经关闭。马绍尔群岛航空公司每周有航班从马朱罗飞往比基尼、夸贾林、朗格拉普以及艾林拉帕拉普等环礁。

四 货币和汇率

马绍尔群岛在经济方面受美国影响较大,流通货币为美元,不接受其他货币。马绍尔群岛的汇率以美元作为单位货币。在马朱罗、夸贾林、埃贝耶等地有可兑换美元的场所,游客将人民币兑换成美元后可在马绍尔群岛使用。

五 语言帮助

马绍尔群岛的官方语言为马绍尔语和英语,部分居民会讲日语和其他太平洋岛国的语言。

(一)马绍尔语常用语

马绍尔语常用语及其不同的语言表述见表4-3。

表4-3 马绍尔语常用及其汉英对照

汉语	英语	马绍尔语
现在几点了?	What time is it?	Jete awa kiio?
抱歉,对不起。	Excuse me, I'm sorry.	Jolok bod.
这个多少钱?	How much does it cost?	Jete onean?
你叫什么名字?	What is your name?	Etam?
我叫约翰。	My name is John.	Eta in John.
银行在哪里?	Where is the Bank?	EWIBank eo?
请慢一点说。	Please speak more slowly.	Karum̧wij am̧ kōnono.
你会说马绍尔语吗?	Can you speak Marshallese?	Kwōjeļā ke kajin m̧ajeļ?
……用马绍尔语怎么说?	How do you say... in Marshallese?	Etan... ilo kajin m̧ajeļ?
我不明白。	I don't understand.	Ijab meļeļe.
请再说一遍。	Please say that again.	Bar ba mok.
你会说英语吗?	Can you speak English?	Kwo jela ke kajin pālle?
厕所在哪里?	Where's the toilet?	Ewi em jirikrik in?

（二）常用单词

马绍尔语常用单词见表4-4。

表4-4　马绍尔语常用单词及其汉英对照

汉语	英语	马绍尔语
你好；再见；喜爱	Hello;Goodbye;Love	Yokwe
非常感谢你	Thank you very much.	Kommol tata
你好吗	How are you?	Kin Jouj
孩子	Children	Ajri
海洋	Ocean	Lojet/Lometo
海滩	Beach	Lar
游泳	Swim	Tutu
鱼	Fish	Hk
美元	Dollar	Tala
什么	What	Ta
谁	Who	Ta
什么时间	When	Naat
女士；女人	Woman	Kora
男士；男人	Man	Emmaan
是的	Yes	Aaet
不是	No	Jaab
北方	North	Ean
南方	South	Rak
东方	East	Reeaar
西方	West	Ralik
吃	Eat	Mona

六　网络与通信

（一）电话

马绍尔群岛的大部分电信业务由国家电信局（The National Telecommunication Authority）管理和运营，可提供国内国际电话、地方移动电话以及宽带网络等服务。国际长途电话在高峰时收费标准为每分钟 1.25 美元,非高峰时则为每分钟 1 美元。

常用的通信号码见表 4-5。

表 4-5 马绍尔群岛常用的通信号码

国家代码	+692
埃贝耶、夸贾林区域代码	329-(固定电话);235-(固定及移动电话)
马朱罗环礁区域代码	247-(固定电话);528-(固定电话);455-(移动电话);625-(移动电话)
报警电话	625-8666
火警电话	625-3222
救护车电话	625-4144
医院电话	625-3355

(二) 网络

可以通过连接个人无线网络上网,也可以使用时间卡或月卡连接岛上的热点。时间卡每分钟 10 美分。若使用智能手机,每月花费 15 美元则可自由上网;若使用笔记本电脑,每月上网费用则为 35 美元。马绍尔群岛有可连接互联网的咖啡馆。

(三) 邮局

马朱罗的邮局成立于 1951 年 7 月 1 日,邮政编码为 96960;埃贝耶的邮局成立于 1966 年 11 月 30 日,邮政编码为 96970。

七 安全信息

(一) 关于健康

马绍尔群岛气候湿热,食物容易变质,因此要食用新鲜的食品,饮用煮沸消过毒的水,否则会引起腹泻。马绍尔群岛处于热带

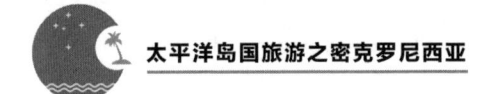

地区，太阳辐射强，因此外出游玩要做好防晒工作，准备好防晒用品，如遮阳伞、太阳帽、防晒霜等，避免皮肤暴露在太阳下而被晒伤；蚊子会传播疾病，如登革热（Dengue），因此应该采取适当的预防措施避免被咬伤，如使用驱蚊剂、穿长袖、睡觉时关闭门窗。在旅行前还应考虑接种疫苗，如甲型和乙型肝炎疫苗、破伤风疫苗和结核病疫苗。

（二）关于安全

马绍尔群岛的治安较好，犯罪率较低，但仍不能避免时有偷窃、抢劫案件发生。尽量避免单独出行，夜晚也尽量不外出游玩。不会游泳者应使用游泳圈等防护器具，否则不能轻易下水。若护照丢失，旅客应在第一时间通知当地警察，在警察的帮助下寻回护照。

马绍尔群岛是低洼珊瑚环礁，易受热带气旋（也称"台风"或"飓风"）侵袭。飓风发生的过程很迅速，常常无法预测。要随时关注当地电视、收音机的天气预报，与同行的伙伴保持联系，若遇到飓风，及时到附近牢固的建筑里躲避。需要注意的是，不要袭击野生动物，避免因遭受攻击而受伤。

（三）紧急电话

报警电话为 625-8666，火警电话为 625-3222，救护车电话为 625-4144，医院电话为 625-3355。遇到困难需要向当地警察或政府求助。

瑙鲁

第一节 国家速写

一 国名

瑙鲁的全称为瑙鲁共和国（The Republic of Nauru），名字来自瑙鲁语"Anáoero"，意为"我去海滩"。瑙鲁的原始居民在布阿达潟湖（Buada Lagoon）进行水产养殖，获得食物来源。1798年，瑙鲁出现第一位到访的西方人——英国捕鲸船"猎人"号船长约翰·菲恩（John Fearn），他见岛上居民生活悠然舒适，便将该岛称为"快乐岛"（Pleasant Island）。1888年德国占领该岛后，取消"快乐岛"的名称，恢复"瑙鲁"这一称谓。

二 地理

瑙鲁位于太平洋中部，北距赤道约41公里，东北距夏威夷岛4160公里，东距基里巴斯306公里，西南隔所罗门群岛距澳大利亚悉尼4000公里。最近的岛是相隔300公里的巴纳巴岛（隶属于基里巴斯）。瑙鲁全岛长6公里，宽4公里，海岸线长约30公里，总面积约21平方公里，专属经济区面积32万平方公里，人口约11万人，其中包括约1万名非瑙鲁人。瑙鲁是南太平洋地区最小的国家，也是全球第三小的国家，仅次于梵蒂冈和摩纳哥。

瑙鲁是一个椭圆形珊瑚岛，被珊瑚礁包围，珊瑚礁退潮时显露出来。珊瑚礁的存在阻碍了海港的建立，因此只有小型船只能够进入瑙鲁。瑙鲁的中央高原为珊瑚悬崖所围绕，高原的最高点称为"命令谷"（The Command Ridge），海拔71米。瑙鲁没有河流，唯一的湖泊布阿达潟湖也是咸水湖，虽然降水很多，但岛屿地表的透水性很强，岛上几乎没有淡水，居民通过集水设备收集少量淡水。

瑙鲁属于热带雨林气候，靠近赤道，常年高温多雨，年平均降雨量1500毫米，年平均气温在24℃~38℃。每年11月至次年2月，瑙鲁会受到季风的影响，但通常不会有旋风。

瑙鲁是太平洋三大磷矿岛之一，千万年来，在岛上栖息的海鸟留下了大量的鸟粪，这些鸟粪经过经年累月的化学变化，形成厚达10米的"磷酸盐矿层"。全岛总面积的3/5被磷酸盐覆盖，只有沿海有一窄条平地。目前，瑙鲁的磷酸盐矿大部分已经枯竭。中部高原也由于磷酸盐矿的开采，形成了高达15米的锯齿状石灰石尖顶的贫瘠地形。矿业破坏了瑙鲁大约80%的土地，也影响了周边的专属经济区，大约40%的海洋生物被淤泥和磷酸盐径流杀死。

从位置上看，瑙鲁处在太平洋三大岛群（密克罗尼西亚岛群、美拉尼西亚岛群、波利尼西亚岛群）的中间，属于密克罗尼西亚岛群，世代生活在瑙鲁的土著人实际上是来自三大岛群的密克罗尼西亚人、美拉尼西亚人和波利尼西亚人互相通婚的后代。瑙鲁人口中有58%的人是瑙鲁人，他们像许多热带岛民一样，过着休闲娱乐、捕鱼猎鸟、撷果而食的生活；26%是其他太平洋岛民；8%是欧洲人；8%是中国人。

瑙鲁居民多数信奉基督教，其中 2/3 为新教徒，1/3 为罗马天主教徒。此外，约 10% 人信仰巴哈伊教，这一比例是世界上最高的；9% 信奉佛教；2.2% 是穆斯林。瑙鲁宪法规定居民信仰自由。

瑙鲁分为 14 个行政区，划分为 8 个选区。人口最多的地区是代内卡莫图区（Denigomodu District），共有 1804 名居民。瑙鲁无正式首都，政府机关设在亚伦区。

三 历史

早在 3000 年前，瑙鲁就有密克罗尼西亚人和波利尼西亚人居住。最初，瑙鲁有 12 个母系氏族或部落，每个部落都有一位酋长，国旗上的 12 角星代表这 12 个部落。到 20 世纪，有 2 个部落消失。早期居民的主要食物来源是水产养殖，他们将捕捉到的幼鱼在布阿达潟湖放养，本地出产的椰子和露兜果也是食物来源之一。

1798 年，英国人约翰·菲恩成为第一位到访瑙鲁的西方人。大约在 1830 年，瑙鲁人与欧洲人的接触增多，欧洲的捕鲸船与贸易商为瑙鲁补给生活用品，尤其是岛上稀缺的淡水资源。

1878～1888 年，瑙鲁经历了 10 年的部落战争。1888 年，瑙鲁被德国吞并，沦为德国的殖民地，并入德属马绍尔群岛，成为其保护国。第一次世界大战后，瑙鲁成为澳大利亚、新西兰和英国共同管理下的国际联盟托管地。第二次世界大战期间，瑙鲁被日本军队占领，作为其入侵太平洋的跳板。战争结束后，瑙鲁被联合国交由澳大利亚、新西兰和英国共同托管。1964 年，联合国提出将瑙鲁人迁居澳大利亚北部的克蒂斯岛，遭到瑙鲁人强烈反对。1968 年 1 月 31 日，瑙鲁宣布独立，同年 11 月成为英联邦特别成员（不出席英联邦政府首脑会议）。

瑙鲁是一个磷矿岛，附近有丰富的矿藏。1900年，探矿者阿尔伯特·富勒·埃利斯（Albert Fuller Ellis）在瑙鲁发现了磷酸盐矿。1906年，太平洋磷酸盐公司成立，次年出口首批磷酸盐。依靠开采和出口磷酸盐维持居民的高收入，瑙鲁年人均收入最高时曾达到8500美元；人均国内生产总值在南太平洋地区居首位。

由于磷酸盐储量的枯竭和采矿导致环境恶化，加之全岛财富基金缩水，瑙鲁政府借助于一些其他方法来获得收入。为了获得收入，瑙鲁成为一个避税天堂和非法洗钱中心，瑙鲁人将采矿获得的大部分收入投资国外房地产。自2005年起，瑙鲁接受澳大利亚政府的援助，作为回报，瑙鲁建造了一座拘留所来处理那些非法进入澳大利亚的难民。

四 政治

瑙鲁宪法于1968年生效，根据宪法的规定，瑙鲁实行共和总统制，总统为国家元首和政府首脑，由议会从议员中选举产生。2013年6月11日上任的巴伦·瓦卡（Baron Waqa）总统是瑙鲁第14任总统。瑙鲁议会为一院制，每三年选举一次，由18名议员组成。议长由普选产生，任期3年，所有议员都由独立人士当选。目前，瑙鲁议会19位议员中有15位是独立人士，20岁以上的瑙鲁人除特殊情况外必须参加选举投票。

行政权属于内阁。内阁由总统及其任命的5~6名部长组成，总统主持内阁，内阁对议会负责。瑙鲁没有正式的政党，候选人通常是独立人士。在瑙鲁政坛活跃的四个党是瑙鲁党、民主党、瑙鲁第一党和中央党。政府内部的联盟往往是以家庭关系而不是以党派关系形成。

根据1968年宪法，瑙鲁设立最高法院，下设地区法院和家庭法院。最高法院是最高司法机构，由首席大法官主持，拥有初审管辖权和上诉管辖权。地区法院由常驻地方法官主持。最高法院和地区法院都是诉讼法院。家庭法院由3名法官组成。在大多数情况下，瑙鲁会请求向澳大利亚高等法院提出最后的上诉。首席大法官还主持公务员上诉委员会和警察上诉委员会。

1992年，瑙鲁成立瑙鲁岛议会（NIC），议会由9人组成，目的是提供市政服务。1999年，NIC解散，所有资产和负债都归到政府名下。瑙鲁的土地使用权比较独特。瑙鲁人对岛上所有的土地均有一定的权利，政府和企业没有土地，必须与土地所有者签订土地使用权租赁协议，非瑙鲁人也不能拥有岛上的土地。1999年，瑙鲁成为英联邦和联合国的正式成员。

瑙鲁与中国的关系颇为复杂。1990年，瑙鲁与中国台湾当局"建交"。2002年7月21日，瑙鲁利用其作为联合国成员的地位，通过承认一个中国政策，签署了与中华人民共和国建立外交关系的协议，接受了中国1.3亿美元的援助。两天后，瑙鲁与台湾当局断绝"外交关系"。2005年5月14日，瑙鲁再次与台湾当局建立联系，5月31日与中华人民共和国正式断绝外交关系。据中国海关统计，2007年两国双边贸易额为4万美元，皆为中国出口。

五　经济

瑙鲁经济较为单一，但这个世界最小的岛国曾经是太平洋岛国最富有的国家。瑙鲁曾经的繁荣要归功于磷酸盐。瑙鲁磷酸盐资源丰富，80%的土地富含磷酸盐。20世纪80年代初，瑙鲁经济达到顶峰，主要收入来源就是向澳大利亚、新西兰出口磷酸盐。

瑙鲁主要依靠开采和出口磷酸盐维持居民的高收入，年均收入最高时曾达8500美元。然而，到20世纪末期，磷酸盐矿迅速枯竭，经济严重下滑，导致21世纪初期瑙鲁近乎破产。此后，瑙鲁努力开发其他资源，开拓其他收入来源。2005年恢复磷酸盐矿开采和出口使瑙鲁的经济得到快速恢复，磷酸盐的二次沉积物的剩余寿命约为30年。

瑙鲁的农产品十分有限，主要是沿海和布阿达潟湖周边出产的咖啡和椰子。瑙鲁几乎所有食品和饮用水都依赖进口。瑙鲁渔业资源较为丰富，盛产金枪鱼，每年潜在捕鱼量为4万多吨，有待开发。每年瑙鲁政府主要通过发放捕鱼证方式获得收入，可达600万~800万澳元。

瑙鲁没有专门的货币，通用货币为澳元。瑙鲁政府建立了全面的社会福利体系，向全体瑙鲁公民提供免费住房、照明和医疗服务。瑙鲁没有个人所得税，公民识字率为96%，对6~16岁的少年儿童实行免费义务教育。家庭普遍拥有现代化家电，如燃气炉、洗衣机、电视机、电冰箱、录像机等。

六 文化

（一）语言

瑙鲁的官方语言为英语，通用语言是瑙鲁语。瑙鲁语是瑙鲁的官方语言，是一种独特的太平洋岛国语言，属于南岛语系密克罗尼西亚语族。约96%的瑙鲁人在国内使用瑙鲁语。英语在瑙鲁也被广泛地使用，尤其是在政府和商业活动中。

（二）体育运动

在瑙鲁，澳式橄榄球（Australian rules football）和举重是全国性的体育运动。其中，澳大利亚规则足球最受欢迎，并有一个由8支队伍组成的联赛。另外，排球、篮球和网球也均是颇受欢迎的运动。瑙鲁参加过英联邦运动会和美国亚特兰大夏季奥运会。

1. 澳式橄榄球

澳大利亚规则足球简称澳式足球或澳式橄榄球，它的历史可追溯到 20 世纪 30 年代，当时澳大利亚维多利亚州的学校招收了一些瑙鲁学童，其中一名学生名叫哈默·德罗伯特（Hammer Deroburt），他离开澳大利亚后和几个朋友一起回到瑙鲁，在家乡首先推广这项运动。澳大利亚规则足球的全国参与率在 30% 以上，居世界第一位。

2. 举重

1996 年，瑙鲁首次派出三名举重选手参加亚特兰大奥运会。在随后的悉尼奥运会上，第一位瑙鲁女运动员在举重比赛中正式亮相。在 1996 年、2000 年、2004 年的三次夏季奥林匹克运动会上，都能看见瑙鲁运动员的身影，且大都集中在举重项目，马库斯·史蒂芬（Marcus Stven）总统便是一位奖牌得主，他在 2003 年进入国会，并在 2007 年当选总统。

3. 橄榄球

近年来，橄榄球在瑙鲁也很受欢迎。瑙鲁有自己的橄榄球队——瑙鲁国家橄榄球联盟队（七人），并参加了 2015 年在新西兰举行的新西兰国际七人橄榄球赛。

（三）礼仪与习俗

瑙鲁的土著文化受到殖民文化和当代西方文化的显著影响，旧习俗多数被取代，只有部分传统文化如音乐、艺术和捕鱼技艺等得以保留并仍在被使用。瑙鲁人衣着简单随意，一般着休闲衫、凉鞋。当地女性服装保守，上衣大都有袖，且裙长过膝。日常生活中，当地人普遍穿日式拖鞋。正式场合男子着西装，女子着连衣裙。

1. 母系社会

瑙鲁男少女多，实行一夫多妻制，但由于整个国家处于母系氏族社会，财产也只传女不传男。

2. 捕捉玄燕鸥

瑙鲁有一个传统活动是捕捉从海上觅食回来的玄燕鸥。在日落时分，男士在海滩上向玄燕鸥投掷套索。瑙鲁的套索是柔绳，重量在绳子末端。当玄燕鸥飞过来时，便投掷套索，被击中的玄燕鸥便倒地，经过清洗和煮熟后便可食用。

3. 瑙鲁人热情慷慨

瑙鲁人具有波利尼西亚人的特征，体格健壮，头发浓黑，皮肤为棕色，男子平均身高在1.7米以上，女子稍矮一些。瑙鲁人不仅擅长捕捉和训练"导航鸟"、种植椰子树，精于水产养殖，而且热情好客，慷慨大方，乐于与人分享。

（四）重要节日

1. 安加姆节

安加姆节（Angam Day）又名返乡日，瑙鲁语为"Angam"，意为"欢腾""庆祝""胜过一切困难""达成既定目标""回家"。安加姆节是瑙鲁人庆祝和反思的节日。第一次世界大战之后，澳大利亚任命的瑙鲁第一任行政长官托马斯·格里菲斯（Thomas Griffiths）在对瑙鲁进行人口普查时，发现瑙鲁人口数量极少，他在地方会晤中宣称瑙鲁人要作为种族生存，人口应不低于1500人。据他宣布，瑙鲁人口达到1500人的那一天将被称为安加姆日，这是一个公众节日，并将在此后每年举行纪念活动。此外，完成设定目标的宝宝称为安加姆宝宝，并将获得礼物和荣誉。

历史上，瑙鲁有两次人口下降到1500人以下，因此也出现过两个安加姆日。第一次是第一次世界大战以及 1920 年的流行性感冒，瑙鲁人口大量死亡。瑙鲁在 1919 年第一次设定人口目标，13 年后瑙鲁人口恢复到 1500 人，第一个安加姆宝宝 Eidegenegen Eidagaruwo 出生于 1932 年 10 月 26 日，这一天也被称为安加姆日。第二次是在 1949 年。二战期间，日军占领瑙鲁和其他太平洋地区，有 1201 名瑙鲁人撤离到特鲁克（Truk）［现为丘克（Chuuk）］。在特鲁克的 1201 名撤离者中，737 人在战后返回，剩余的人中只有 400 人幸存下来并留在了瑙鲁。第一个安加姆宝宝由于营养不良夭折于特鲁克，没能够返回瑙鲁。1949 年 3 月 31 日，第二个安加姆宝宝 Bethel Enproe 出生，瑙鲁人口恢复到 1500 人。尽管 Bethel Enproe 并不是出生于这一天，但 10 月 26 日仍然是正式的安加姆节。

每个社区通常组织自己的庆祝活动，节日期间瑙鲁人通常与亲人一起庆祝。

2. 独立日

独立日由政府组织庆祝，政府各个部门间进行游戏和举行合唱比赛。这一天，瑙鲁人升国旗，唱国歌，政治家们演讲，庆祝国家独立。假期开始于一场钓鱼比赛，然后是摔跤比赛以及拔河和其他热闹的体育赛事。岛内的各个地区还会进行清洁比赛。此外，还有一个为特鲁克的幸存者举行的宴会。

3. 宪法日

瑙鲁在取得独立后不久，就于 1968 年 5 月 17 日通过了宪法。为纪念这一历史上的重要事件，整个岛举行了庆祝活动，5 个选区之间进行了田径比赛。假期的第一天是多彩队伍游行，最后一天是国家田径锦标赛，由国家田径冠军与南太平洋的其他运动员竞争，运动员在碎石珊瑚跑道上比赛。

213

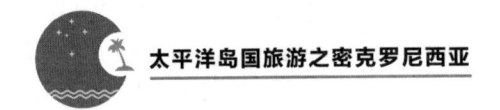

4. 全国青年日

每年的 9 月 25 日是瑙鲁的全国青年节，瑙鲁的年轻人会举行一周的庆祝活动。瑙鲁是世界上肥胖人口比例最高的国家，97% 的男性和 93% 的女性超重或肥胖。2012 年，瑙鲁人口肥胖率达到 71.7%。全国青年日表达了瑙鲁人对健康生活的积极追求。节日期间，瑙鲁人会在瑙鲁国际机场举行排球、拔河和机场接力赛等活动。

此外，还有其他的节日：新年，1 月 1 日；复活节，3 月 29 日至 4 月 1 日；圣诞节，12 月 25 日。

第二节　国家亮点

一　体验

（一）环岛旅行

瑙鲁面积小，风光秀美，瑙鲁每个家庭有大约两辆汽车，环岛一周是他们最喜欢的打发时间的方式。在瑙鲁，游客租用一辆私家车，或者搭乘环岛小巴士，20 分钟就能环岛一周，将岛上的风光尽收眼底。

（二）深海垂钓

在瑙鲁，钓鱼仍然遵循传统的方法，喜欢钓鱼的游客可以尽情享受深海垂钓带来的乐趣，坐在船上欣赏海上的风景，等待鱼儿上钩。瑙鲁的深海垂钓活动由几家当地企业提供，私人船只也可用于出租。

二　美食

瑙鲁的食物种类非常丰富。瑙鲁人的主食是大米和面包，副食是肉和鱼，这些食物多是进口。瑙鲁人比较喜欢食用油炸食品。瑙鲁的餐厅准备有多样的食物，有中国菜、印度菜、泰国菜和西式菜肴。

(一) 金枪鱼

瑙鲁渔业资源较丰富，以金枪鱼居多。金枪鱼为大洋暖水性洄游鱼类，鱼肉低脂肪、低热量，富含优质的蛋白质和其他营养素，大部分人皆可食用。瑙鲁盛产椰子，所以瑙鲁有一种特殊的金枪鱼制作方法，瑙鲁人将捕到的金枪鱼切成生鱼片，然后洒上椰子汁，即成一道菜。

(二) 椰子

瑙鲁的农产品十分有限，椰子树是瑙鲁人种植的为数不多的树木，在沿海和布阿达潟湖周边都有椰树种植园。漫步海湾、喝点椰子汁是瑙鲁人喜欢的生活方式，也是吸引游客来此旅游的重要原因。

第三节 旅游中心地

一 亚伦

(一) 速写

亚伦（Yaren District）是瑙鲁共和国的行政管理中心，位于瑙鲁南部，面积1.5平方公里。瑙鲁不设首都，行政管理中心在亚伦。瑙鲁的议会位于亚伦，亚伦通常被作为瑙鲁的首都。除去政治功能外，亚伦也是一个非常适合假期旅游的旅游城市。亚伦有洁白的沙滩，沙滩上棕榈摇曳，绿色的椰子树郁郁葱葱。海滩和大海等美景使亚伦成为瑙鲁必游之地。喜欢钓鱼的游客可以在亚伦尽情享受深海垂钓的乐趣，潜水和深海垂钓使海上探险活动更具挑战性。

此外，亚伦也是二战遗迹的参观地，这里有二战时遗留下来的枪、沙坑、油轮等。在享受美景和观看遗迹之时，游客也可以享受美食，附近的餐馆提供中国、印度和泰国美食。

（二）景点

瑙鲁的主要景点见图5-1。

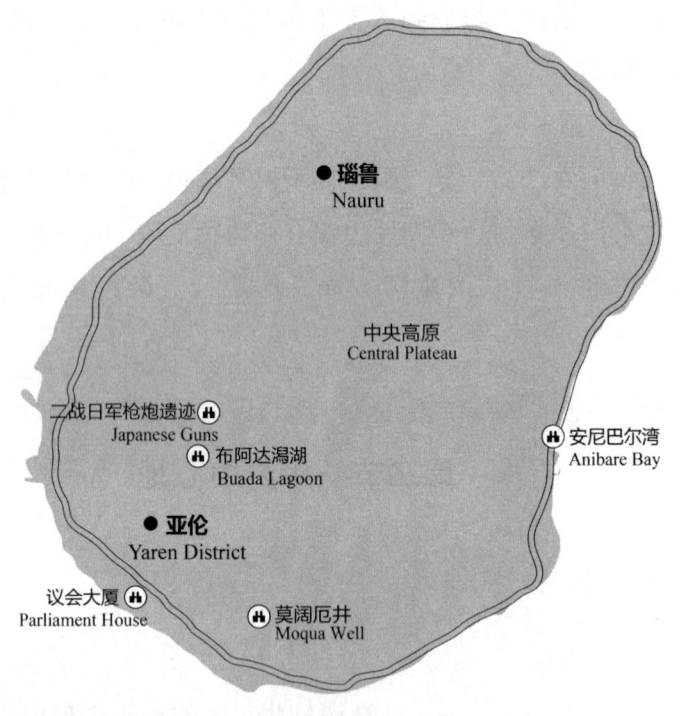

图5-1 瑙鲁主要景点分布

1. 莫阔厄井

莫阔厄井（Moqua Well）是瑙鲁的一个小型地下湖，位于瑙鲁国际机场附近的一个隐藏的洞穴内，鲜为人知，是瑙鲁的几个景点之一。第二次世界大战期间，莫阔厄井是瑙鲁居民饮用水的主要来源,正是由于这个原因,其被称为井而不是湖。莫阔厄井湖面平静,湖水为淡水和咸水的混合,水温比海水要低得多,是在炎炎日光下乘凉的好地方。当出现潮汐时,莫阔厄井的湖水会升高。

2. 议会大厦

议会大厦(Parliament House)位于瑙鲁国际机场对面,是瑙鲁保存最好的、最现代化的建筑,是瑙鲁人的骄傲。与世界上大多数议会大厦不一样,瑙鲁议会大厦允许访问者在大厦内自由走动。

3. 二战日军枪炮遗迹

20世纪40年代日本占领瑙鲁之后,在亚伦区内留下很多战争遗迹,沿着海岸行走,游客可以有机会游览众多的防空洞和碉堡遗迹,这些遗迹保存得比较完整。亚伦的最高点是一座高500米的小山,山顶上保存着日军的高射炮。

4. 中央高原

瑙鲁的中央高原通常被称为"顶面",这里在100多年前就因富含磷酸盐而被开采,但大部分的磷酸盐是在几年前开采的,目前有一些采矿活动仍在继续。许多石灰岩珊瑚礁为粗糙的荒野所覆盖。

(三)餐饮

1. 邦迪海滩餐厅

邦迪海滩餐厅(Bondi Beach Restaurant)是亚伦区的一家餐厅,由澳大利亚难民阿德南和他的妻子佐伊经营,他们得到土地拥有者的许可,建造了这个餐厅。餐厅的环境很好,餐桌主要在室外,游客可以一边喝着鸡尾酒,一边在海滩上享受凉爽海风的吹拂。

餐厅的菜品以黎巴嫩菜和海鲜为主,如鸡肉串、鹰嘴豆泥、黎巴嫩面包、鸡豌豆等，所有的食物都是在餐厅现做的。餐厅还提供若干种啤酒、两种白酒和一些葡萄酒，啤酒会放在冰块上。此外，餐厅还有一个小舞池，优美的音乐会放到很晚。

2. 咖啡岛

咖啡岛（Cafe Island）位于机场候机楼与第二排堡欧区（Boe District）之间的机场跑道对面，街上有一个咖啡岛的标志。这家漂亮的餐厅由一对伊朗夫妇经营。餐厅提供免费停车场和室内座位。三餐齐全，有美味的羊肉、鸡肉和炸鱼，还有冰激凌、咖啡和水烟。联系电话为（674）5542000。

二 安尼巴尔区

（一）速写

安尼巴尔区（Anibare District）位于瑙鲁东部，是阿纳巴尔选区（Anabar Constituency）的一部分。安尼巴尔区面积3.1平方公里，人口约250人，是瑙鲁面积最大、人口最少的地区。安尼巴尔区内有一个白色珊瑚沙滩，被普遍认为是瑙鲁最适合冲浪或游泳的地方，还有一个人造商业捕鱼区域——安尼巴尔港口（Anibare Harbor）。另外，安尼巴尔区西部地区存有丰富的磷酸盐资源。

（二）景点

1. 安尼巴尔湾

安尼巴尔湾（Anibare Bay）位于瑙鲁岛东部的安尼巴尔区，是瑙鲁的一个大型海湾，这里有瑙鲁最好的沙滩。安尼巴尔湾全长超过两公里，呈大弧形，是由瑙鲁火山东面的水体塌陷形成的。海湾边上椰林摇曳，海水清澈，靠近沙滩的海湾里布满了大大小小、奇形怪状的火山礁石，这些礁石在涨潮时多数被淹没，退潮时才会显露出来，成为安尼巴尔湾一道独特的风景线。

游客在安尼巴尔湾可以享受阳光的沐浴，饱览瑙鲁的全景。白天、黄昏和夜晚都是欣赏海湾的最好时间。白天，白云在天边变幻着姿态，蔚蓝的大海尽头水天相接，此起彼伏的海浪拍打着礁石，顽皮的孩子站在礁石之上，眺望着远处一望无际的大海；黄昏，波光粼粼的水面上金光闪闪，在夕阳的映衬下更加梦幻，令人陶醉，偶尔有一两艘小船游弋在宽阔的海面上，勾勒出一幅唯美的黄昏图景；夜晚，安尼巴尔湾沐浴在柔美的月光中。瑙鲁人喜欢在黄昏时来这里玩水，尽情享受柔美的沙滩、清澈的海水和海湾的美景。

安尼巴尔湾还有丰富的水上活动，游客既可以享受海上冲浪和潜泳，也可以潜入水下欣赏海底奇妙的景色，抑或坐在沙滩上晒晒太阳、吹吹海风，别有一番乐趣。

2. 布阿达潟湖

安尼巴尔湾附近是瑙鲁著名的火山湖——布阿达潟湖，它是瑙鲁最幽美的湖泊之一。布阿达潟湖是一个内陆淡水湖，不注入任何海洋或河流，湖水含有轻微的盐分。布阿达潟湖面积非常小，只有0.12平方公里，直径50米，平均深度24米，最深处78米。

布阿达潟湖与瑙鲁其他地方不同，湖周围树木生长茂盛，被椰林环绕，红瓦白墙的民居倒映在湖中，不时可见几只白色的小鸟在湖面上追逐嬉戏；湖水清澈见底，湖底生长着各种各样的水生动植物，五彩缤纷。布阿达潟湖恰似天工巧匠给这白色的岛屿镶上的一块缀有绿边的水晶般的明镜，为瑙鲁美丽的风光平添绚丽的色彩。

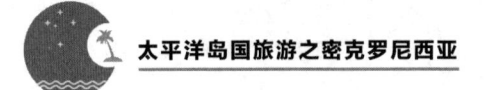

（三）住宿

1. 梅恩酒店

梅恩酒店（Meneng Hotel）是一家政府出资建造的酒店，位于安尼巴尔湾，共有236间客房，里面有海景房。酒店内部的安尼巴尔餐厅（Anibare Restaurant）是瑙鲁岛上最正式、最豪华的餐厅。

2. 欧德艾沃酒店

欧德艾沃酒店（Od'n Aiwo Hotel）是一家家庭式酒店，位于瑙鲁堡欧区。酒店内部设有餐厅。餐厅提供20世纪70年代澳大利亚华人风味的食物，允许顾客将自己的手机音乐外放。酒店后面有一个隐蔽的赌场，类似于80年代澳大利亚的RSL（俱乐部），里面有酒吧、20台老虎机和1间密室。

3. 埃瓦小屋

埃瓦小屋（Capelle & Partner-Ewa Lodge）位于瑙鲁西北部的埃瓦（Ewa），距离安尼巴尔湾不到30分钟的步行路程。酒店有5间普通客房、7间自助公寓和杂货店等，其中杂货店位于酒店下方，售卖来自澳大利亚和亚洲的商品。酒店不仅有烹饪设施，还提供摩托车和汽车租赁服务。

第四节　出行指南

一　行前准备

（一）护照和签证

1. 护照

中国公民须持有效期不少于6个月的护照。

2. 签证

瑙鲁同中国无外交关系。中国公民赴瑙鲁可通过瑙鲁邀请方办理签证或在瑙鲁驻其他国家的使领馆申办签证。办理签证时不需要进行面试。

申办旅游签证所需材料：签证申请表，护照及复印件（护照有效期不得少于6个月且至少有一张空白签证页），酒店预订证明，往返机票等。签证费用：旅游签证停留期一般为1个月，费用约合100澳元。

申办商务签证所需材料：申办旅游签证时所需的全部文件，提供无犯罪证明，以及瑙鲁邀请函（信函须说明访问瑙鲁的目的和在瑙鲁期间的费用由谁负担，并提供详细的联系信息）。签证费用：商务签证停留期一般为1年，费用约合500澳元。

（二）物品携带

入境瑙鲁必备和禁止携带的物品种类见表5-1。

表5-1 入境瑙鲁携带物品规定

种类	具体物品
必备物品	各类证件：包括护照、往返机票、酒店订单、旅行保险、国际旅行证件资料（带照片）复印件1份等 货币：澳元 防晒用品：防晒霜、太阳镜、防晒衣、遮阳帽等 衣物准备：胶底凉鞋、泳衣、雨衣、建议携带快干类服装、个人洗漱用品 药箱：止泻药、云南白药喷雾剂、棉签两包、创可贴、感冒药等
允许游客携带入境的产品	年满16周岁的旅客可携带400支香烟或50支雪茄或1磅烟草入境；年满21周岁的旅客可携带3夸脱（美制1夸脱约合0.95升）白酒或葡萄酒入境
受限制物品	携带宠物入境需持有瑙鲁政府司法部签发的许可证 瑙鲁对携带现金入境无限制，但须申报；携带2500澳元以上现金出境需要向海关申报并缴纳2.5%的现金出境税
禁带物品	武器（包括弹簧刀和小刀）、炸药（包括烟火）、毒品、三星Galaxy Note 7手机、白平衡板

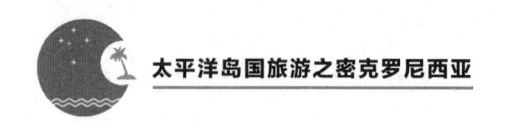

二　出入境交通

瑙鲁国际机场（Nauru International Airport）是瑙鲁共和国唯一的国际机场，位于亚伦区政府建筑物群（包括警署、学校）北面，距离市区1公里。瑙鲁航空公司开通有飞往澳大利亚、斐济、基里巴斯、马绍尔群岛和所罗门群岛等地的定期航班。

国内目前没有直接飞往瑙鲁的航班，需要转机。最方便的路线是：游客先飞抵澳大利亚布里斯班，然后转乘瑙鲁航班（Our Airline），在所罗门群岛短暂停留后抵达瑙鲁。每周的周三、周四、周日都有航班。

推荐航线：北京（14h 55min）—布里斯班（Brisbane）（6h 35min）—瑙鲁国际机场（Nauru）。

需要注意的是，此行程需要过境澳大利亚转机，持中华人民共和国护照的旅客转机需要办理澳大利亚过境签证。

有关信息可以登录相关航空公司的网站查询，如瑙鲁航空，http：//www.nauruairlines.com.au/；澳大利亚航空，http：//www.qantas.com.au。

三　境内交通

（一）陆路交通

瑙鲁有环岛沥青公路，全长24公里；其他公路长6公里。铁路全长3.9公里，用来连接岛屿中部的磷酸盐矿区和西南岸的加工厂。

（二）水路交通

瑙鲁有货船定期来往于澳大利亚和瑙鲁。瑙鲁渔业局现有2艘捕鱼船、2个码头，其中1个码头为货运码头，可通过驳船转运装卸货物；另一个码头供渔船出入。

（三）市内交通

以自驾车为主，还可以搭乘环岛小巴士（白色或蓝色）。巴士招手即停，约1小时一班。在当地租车较为便捷，一日租金约为75澳元。

四　货币和汇率

（一）货币

瑙鲁没有专门的货币，通用货币为澳元。

（二）汇率

2017年5月，瑙鲁澳元汇率如表5-2所示。

表5-2　瑙鲁澳元汇率

货币	面值	当前汇率	对应的澳元
人民币	100	0.195110	19.511
港元	100	0.172766	17.2766
新台币	100	0.044823	4.4823
澳门元	100	0.167740	16.774
美元	100	1.344500	134.45
新西兰元	100	0.926602	92.6602

资料来源：中国外汇交易中心，http://www.chinamoney.com.cn。

五　语言帮助

瑙鲁使用两种语言：英语和瑙鲁语。英语应用广泛，游客可以用英语与瑙鲁人交流。

（一）常见单词

瑙鲁语常见单词、短语如表5-3所示。

表 5-3　瑙鲁语常见单词、短语及其汉英对照

汉语	瑙鲁语	英语
夜晚	anubumin	night
白天	aran	day
祖先	bagadugu	ancestors
最好的祝愿	(e)kamawir Omo	best wishes
水	ebok	water
地球；天球	firmament	earth；celestial sphere
上帝	gott	god
天堂	ianweron	heaven
光	iao	light

六　网络与通信

（一）电话

瑙鲁的电话系统采用了澳大利亚的设施，以满足本地和国际无线电话通信。瑙鲁的 SIM 卡可以从手机提供商——Digicel 的主办公室购买。从瑙鲁打电话回中国大陆，拨 0086 后加拨手机号或固定电话号码即可。中国的三大主要移动运营商（中国移动、中国联通、中国电信）的手机用户均可以在瑙鲁享受漫游服务，详情请咨询运营商了解开通国际漫游的相关事宜和资费。

（二）网络

瑙鲁有互联网服务但不稳定。互联网连接可以从 Civic Center 的 Cenpac 网吧购买，或者从 Digicel 购买 WiMax 设备，以便上网。Cenpac 网络公司瑙鲁互联网中心电话号码为（674）5587116，地址为 Civic Center Aiwo District, Republic of Nauru，邮箱为 management@cenpac.net.nr，网址为 http：//www.cenpac.net.nr/。

（三）邮政

在瑙鲁邮寄物品，需要用瑙鲁当地使用的语言写清详细地址，最好填写上当地的瑙鲁邮编以便让瑙鲁的邮局分发、邮递员递送。从中国大陆邮寄到国外（包括瑙鲁）的国际邮件，只需要在信封上用中文写明邮寄到瑙鲁（还要附上城市名称及详细地址），即使不填写瑙鲁的邮政编码999193，也一样可以递送到瑙鲁。

七　安全信息

（一）社会治安

瑙鲁治安情况总体尚可，但偷窃事件时有发生。瑙鲁常有流浪狗出没，它们可能会对路人狂吠，所以建议游客在步行时携带棍棒，以备不时之需。

（二）自然灾害

南太平洋地区的雨季为11月至次年4月，常引发泥石流灾害。游客应关注当地的天气预报，尽量避免前往灾区。

（三）食品卫生

瑙鲁食品多为进口，卫生、质量有保障。由于瑙鲁高温酷热，食物容易腐坏，食用生冷食物时务必小心。

（四）医疗

瑙鲁实行免费医疗，有1所医院、3名当地医生和11名古巴援瑙医生。

（五）紧急电话

目前中国和瑙鲁没有建立正式外交关系，中国公民在瑙鲁遇到问题时，可以向中国驻斐济大使馆求助，联系电话为00（679）9997287。

表5-4中是瑙鲁一些重要的号码。

表 5-4　瑙鲁一些重要的号码

名称	号码
国家代码	674
国际访问号码	00
警察紧急服务号码	110
客户服务号码	123
消防应急服务号码	112
救护车紧急服务号码	111
查号台号码	192
中国国家代码	86

参考文献

帕劳

李德芳编著《帕劳》,社会科学文献出版社,2017。

王胜三、陈德正主编《一带一路列国志》,人民出版社,2015。

王胜三、陈德正主编《一带一路名城志》,人民出版社,2016。

王晓凌:《南太平洋文学史》,安徽大学出版社,2000。

吴安琪:《南岛语分类研究》,商务印书馆,2009。

徐明远:《南太平洋岛国和地区》,世界知识出版社,2003。

叶进:《南太平洋的万岛世界》,海洋出版社,1979。

吴钟华:《南太不了情:一个外交官鲁滨逊式经历》,四川人民出版社,2006。

日本大宝石出版社编《帕劳岛》,张咏志译,中国旅游出版社,2014。

王桂玉等:《太平洋岛国研究通讯》,太平洋岛国研究中心内部刊物,2014~2017。

美国中央情报局网站,https://www.cia.gov。

帕劳国家政府网站,http://palaugov.pw。

帕劳中国商会网站,http://www.chinapalau.org。

帕劳移民局网站,http://palaugov.pw。

美国国务院网站,http://www.state.gov。

世界银行网站,http://www.worldbank.org。

世界人口网,http://www.renkou.org.cn。

中国领事服务网，http：//cs. mfa. gov. cn。

汇率查询网，http：//qq. ip138. com/hl. asp。

大英百科全书网站，https：//global. britannica. com。

世界风俗网，http：//www. sjfsw. cn。

联合国开发计划署网站，http：//www. undp. org。

缤客网，http：//www. booking. com。

猫途鹰网，https：//www. tripadvisor. cn。

基里巴斯

徐美莉编著《基里巴斯》，社会科学文献出版社，2016。

王三胜、陈德正主编《一带一路列国志》，人民出版社，2015。

王胜三、陈德正主编《一带一路名城志》，人民出版社，2016。

吴建中主编《地球奇幻之旅·世界卷》（3卷），北京联合出版公司，2014。

世界知识出版社编《世界知识年鉴》，世界知识出版社，2011。

黄建文：《心飞大洋洲》，哈尔滨地图出版社，2004。

李梵：《美洲、大洋洲人文风情》，陕西师范大学出版社，2008。

传奇翰墨编委会编《奇趣澳洲·南极洲》，北京理工大学出版社，2011。

徐明远：《出使岛国——在南太的风雨岁月》，中国华侨出版社，1995。

〔美〕戴维·莱文森：《世界各国的族群》，葛公尚等译，中央民族大学出版社，2009。

王桂玉等：《太平洋岛国研究通讯》，太平洋岛国研究中心内部刊物，2014~2017。

Erich von Daniken, *The Stones of Kiribati: Pathways to the Gods*, Switzerland, 1982.

基里巴斯政府网站，http：//www. kiribatitourism. gov. ki。

美国国务院网站，http：//www. state. gov。

世界银行网站，http：//www. worldbank. org。

世界人口网，http：//www. renkou. org. cn。

中国领事服务网，http：//cs. mfa. gov. cn。

汇率查询网，http：//qq. ip138. com/hl. asp。

大英百科全书网，https：//global. britannica. com。

世界风俗网，http：//www. sjfsw. cn。

联合国开发计划署网站，http：//www. undp. org。

缤客网，http：//www. booking. com。

猫途鹰网，https：//www. tripadvisor. cn。

密克罗尼西亚联邦

丁海彬编著《密克罗尼西亚》，社会科学文献出版社，2016。

王三胜、陈德正主编《一带一路列国志》，人民出版社，2015。

王胜三、陈德正主编《一带一路名城志》，人民出版社，2016。

贺光辉：《美日对外援助之比较》，博士学位论文，复旦大学，2003。

刘建峰、陈德正：《中国与南太平洋岛国旅游合作形势与对策研究》，《中国市场》2014年第45期。

庞中英：《中国援外政策的"三力"原则》，《瞭望》2010年第35期。

徐秀军：《中国发展南太平洋地区关系的外交战略》，《太平洋学报》2014年第11期。

薛宏：《对外援助：几代领导人的战略决策》，《世界知识》2011年第13期。

王作成、孙雪岩：《20世纪以来中国的太平洋岛国研究综述》，

《太平洋学报》2014年第11期。

王桂玉等：《太平洋岛国研究通讯》，太平洋岛国研究中心内部刊物，2014~2017。

密克罗尼西亚联邦国会网站，http://www.fsmcongress.fm。

密克罗尼西亚联邦总统办公室网站，http://www.fsmpio.fm。

密克罗尼西亚联邦大学网站，http://www.comfsm.fm。

中华人民共和国驻密克罗尼西亚联邦大使馆经济商务参赞处网站，http://fm.mofcom.gov.cn。

美国国务院网站，http://www.state.gov。

世界银行网站，http://www.worldbank.org。

世界人口网，http://www.renkou.org.cn。

中国领事服务网，http://cs.mfa.gov.cn。

汇率查询网，http://qq.ip138.com/hl.asp。

大英百科全书网站，https://global.britannica.com。

世界风俗网，http://www.sjfsw.cn。

联合国开发计划署网站，http://www.undp.org。

缤客网，http://www.booking.com。

猫途鹰网，https://www.tripadvisor.cn。

马绍尔群岛

刘丽坤、李静编著《马绍尔群岛》，社会科学文献出版社，2016。

王三胜、陈德正主编《一带一路列国志》，人民出版社，2015。

王胜三、陈德正主编《一带一路名城志》，人民出版社，2016。

黄长编著《各国语言手册》，重庆出版社，2000。

王晓凌：《南太平洋文学初探》，《江淮论坛》2005年第2期。

王晓民主编《世界各国议会全书》，世界知识出版社，2001。

徐海准、陈永生：《外国民族音乐》，华中师范大学出版社，2012。

吕桂霞编著《斐济》，社会科学文献出版社，2015。

周定国：《马绍尔群岛共和国剪影》，《海洋世界》1997年第5期。

魏小安、陈青光、魏诗华：《中国海洋旅游发展》，中国经济出版社，2013。

蔡百铨：《南岛民族与国家：台湾篇·太平洋篇》，前卫出版社，2010。

张定亚主编《简明中外民俗词典》，陕西人民出版社，1992。

王桂玉等：《太平洋岛国研究通讯》，太平洋岛国研究中心内部刊物，2014～2017。

美国国务院网站，http：//www.state.gov。

世界银行网站，http：//www.worldbank.org。

世界人口网，http：//www.renkou.org.cn。

中国领事服务网，http：//cs.mfa.gov.cn。

汇率查询网，http：//qq.ip138.com/hl.asp。

大英百科全书网站，https：//global.britannica.com。

世界风俗网，http：//www.sjfsw.cn。

联合国开发计划署网站，http：//www.undp.org。

缤客网，http：//www.booking.com。

猫途鹰网，https：//www.tripadvisor.cn。

瑙鲁

赵少峰编著《瑙鲁》，社会科学文献出版社，2017。

王三胜、陈德正主编《一带一路列国志》，人民出版社，2015。

王胜三、陈德正主编《一带一路名城志》，人民出版社，2016。

陶奎元：《火山与火山岩景观》，江苏科学技术出版社，2014。

于秉正主编《世界原来是这样·美洲大洋洲篇》，中国电力出版社，2013。

李佩颖编著《走遍大洋洲》，中国社会科学出版社，2006。

李梵：《美洲、大洋洲人文风情》，陕西师范大学出版社，2008。

郭豫斌主编《自然博物馆：海岛·海峡·海湾（彩图版）》，东方出版社，2013。

孙谦：《司法机构与司法制度》，中国检察出版社，2013。

陈君慧：《世界地理知识百科》，吉林出版集团有限责任公司，2013。

翟文明：《世界国家地理》，光明日报出版社，2004。

王桂玉等：《太平洋岛国研究通讯》，太平洋岛国研究中心内部刊物，2014～2017。

瑙鲁国家政府网，http://www.naurugov.nr。

美国国务院网站，http://www.state.gov。

世界银行网站，http://www.worldbank.org。

世界人口网，http://www.renkou.org.cn。

中国领事服务网，http://cs.mfa.gov.cn。

汇率查询网，http://qq.ip138.com/hl.asp。

大英百科全书网站，https://global.britannica.com。

世界风俗网，http://www.sjfsw.cn。

联合国开发计划署网站，http://www.undp.org。

缤客网，http://www.booking.com。

猫途鹰网，https://www.tripadvisor.cn。

瑙鲁航空公司网站，http://www.nauruairlines.com.au。

图书在版编目（CIP）数据

太平洋岛国旅游之密克罗尼西亚/刘建峰，王桂玉编著.--北京：社会科学文献出版社，2018.6
ISBN 978-7-5201-2426-3

Ⅰ.①太… Ⅱ.①刘… ②王… Ⅲ.①旅游指南-密克罗尼西亚 Ⅳ.①K965.9

中国版本图书馆CIP数据核字（2018）第047970号

太平洋岛国旅游之密克罗尼西亚

编　　著 / 刘建峰　王桂玉

出 版 人 / 谢寿光
项目统筹 / 张晓莉　叶　娟
责任编辑 / 叶　娟　肖世伟

出　　版 / 社会科学文献出版社·国别区域与全球治理出版中心（010）59367200
　　　　　　地址：北京市北三环中路甲29号院华龙大厦　邮编：100029
　　　　　　网址：www.ssap.com.cn
发　　行 / 市场营销中心（010）59367081　59367018
印　　装 / 三河市尚艺印装有限公司

规　　格 / 开　本：787mm×1092mm　1/16
　　　　　　印　张：16.25　插　页：0.75　字　数：195千字
版　　次 / 2018年6月第1版　2018年6月第1次印刷
书　　号 / ISBN 978-7-5201-2426-3
定　　价 / 89.00元

本书如有印装质量问题，请与读者服务中心（010-59367028）联系

版权所有 翻印必究